欧洲语言文化研究

Journal of European Languages and Cultures

第 16 辑

主编 | 柯静
副主编 | 林温霜　董希骁

外语教学与研究出版社
FOREIGN LANGUAGE TEACHING AND RESEARCH PRESS
北京 BEIJING

图书在版编目（CIP）数据

欧洲语言文化研究．第16辑 / 柯静主编 ；林温霜，董希骁副主编．-- 北京 ：外语教学与研究出版社，2023.10

ISBN 978-7-5213-4836-1

Ⅰ．①欧… Ⅱ．①柯… ②林… ③董… Ⅲ．①文化语言学－研究－欧洲 Ⅳ．①H0-05

中国国家版本馆 CIP 数据核字（2023）第 190722 号

出 版 人　王　芳
项目策划　孙凤兰
责任编辑　华宝宁
责任校对　刘相东
封面设计　姚雅雯　曹志远
出版发行　外语教学与研究出版社
社　　址　北京市西三环北路 19 号（100089）
网　　址　https://www.fltrp.com
印　　刷　北京捷迅佳彩印刷有限公司
开　　本　710×1000　1/16
印　　张　10
版　　次　2023 年 10 月第 1 版　2023 年 10 月第 1 次印刷
书　　号　ISBN 978-7-5213-4836-1
定　　价　68.00 元

如有图书采购需求，图书内容或印刷装订等问题，侵权、盗版书籍等线索，请拨打以下电话或关注官方服务号：
客服电话：400 898 7008
官方服务号：微信搜索并关注公众号“外研社官方服务号”
外研社购书网址：https://fltrp.tmall.com

物料号：348360001

目　录

文学译介与批评

国别与区域研究

语言教学与研究

Contents

Literary Translation and Criticism

Country and Regional Studies

Language Teaching and Linguistics

中国古代长篇小说在法国的译介与经典化探析

——以谭霞客《水浒传》法译本为例*

车　琳

摘要： 翻译是民族文学经典走向世界文学空间的重要途径。从18世纪开始，经由来华传教士、商人、外交官和学院派汉学家以及旅法中国学者的翻译活动，中国古代长篇小说从零星节译，经过转译，到实现全译，历经一个多世纪，在法语世界中完成了经典化历程，法国汉学家谭霞客《水浒传》法译本堪称其中典范之作。在多元文化系统中，历史语境、社会文化、翻译机制和政策、受众需求、译者主体都对文学作品的经典化产生影响。在翻译实践中，寻找到“充分性”和“可接受性”此二种翻译规范的兼顾和平衡，才能使一国文学名著在异域空间中保存其经典价值。

关键词： 中国古代文学；经典化；多元系统理论；翻译规范；谭霞客

以色列学者埃文–佐哈尔（Itamar Even-Zohar）将语言学理论中符号和系统等重要概念推广至文学领域，并为翻译研究开拓了思路，从而说明文学和翻译研究并不局限于系统内部研究，而是需要在宏观上关注社会文化因素及其与文本之间的关系。吉迪恩·图里（Gideon Toury）在描述翻译学理论中同样关注译者主体、读者需求、翻译政策、社会文化等变量因素对翻译活动的影响，并界定了译者在文本转换过程中所选择的翻译规范。文学翻译系统既是“他治的”，也是“自治的”（埃文–佐哈尔，2002：23）。本文将以《水浒传》法语全译本为例，从多元文化系统和文本系统两个维度来全面考察中国古代长篇小说代表作在法国的译介与经典化历程。

* 本文系国家社会科学基金重大项目“多卷本《中国文化域外传播百年史》”（项目编号：17ZDA195）和“18世纪欧亚文学交流互鉴研究”（项目编号：21&ZD278）的阶段性成果。

1 迟到的文学经典：历史文化语境分析

1.1 中国古代长篇小说的法译历程：节译、转译和全译

在中国历代小说作品中，明清两代小说最早被译介到法国，其流布可以追溯到 18 世纪。耶稣会士殷宏绪神父（le Père d'Entrecolles）选取白话短篇小说集《今古奇观》中三篇故事进行概述和编译，发表于 1735 年杜赫德神父（Jean-Baptiste Du Halde）主编的《中华帝国通志》（*Description géographique, historique, chronologique, politique et physique de l'empire de la Chine et de la Tartare chinoise*）第三卷中，并且很快被转译成英语在伦敦出版。

明清之际的才子佳人小说《好逑传》的第一个西方语言译本由英国东印度公司商人威尔·金森（James Wilkinson）初译，由托马斯·佩斯主教（Thomas Percy）补充润色而成，1761 年在伦敦出版。法国作家、翻译家马克–安托万·艾杜（Marc-Antoine Eidous）将其转译为法文，1766 年在里昂出版，这是第一部完整的中国小说法译本。1842 年，《好逑传》的第二个法译本出版，从中文直接译入法文，译者署名居亚尔·达尔希（Guillard d'Arcy）。第二部为法国人所知的中国长篇小说是《玉娇梨》，由 18 世纪跟随法国传教士赴法的中国人黄嘉略首译，可惜他因病去世未能完成，后由法兰西公学院（Collège de France）首任汉学讲席教授雷慕沙（Jean-Pierre Abel- Rémusat）译出全文，并于 1826 年出版。

相比较而言，中国文学系统中逐步经典化的长篇小说名著开始为欧洲人所知的时间较晚。直到 19 世纪中叶，才出现此类小说的片段节译。法国汉学家安托万·巴赞（Antoine-Pierre-Louis Bazin）译出《水浒传》中鲁智深和武松的故事，刊于 1850 年和 1851 年《亚洲学报》（*Journal asiatique*）两期杂志上，这是西方语言中最早发表的《水浒传》译文；之后，他又译出金圣叹批本的楔子、第一回和第三回，收入 1853 年编著的《现代中国》（*Chine moderne*）。1891 年，德比西（De Bussy）将意大利神父晁德莅（Angelo Zottoli）编著的拉丁文与中文对照五卷本《中国文化教程》（*Cursus litteraturae sinicae neomissionariis accomodatus*）转译成法文，在上海出版，第一卷中有摘译的武松故事。1922 年，北京的法文出版机构北京政闻报社（*Politique de Pékin*）印行一册插图

版《中国骑士传：风俗和冒险小说》(*Les Chevaliers chinois, roman de moeurs et d'aventures*)，内容正是《水浒传》前十二回，逾 200 页。中国留法学人徐仲年在《中国诗文选》(*Anthologie de la littérature chinoise, des origines à nos jours*, 1932)中选译鲁智深拳打镇关西和武松打虎两则故事。《水浒传》法文全译本于 1978 年出版，晚于英译本和德译本的出版时间，由汉学家谭霞客（Jacques Dars）历经 8 年翻译完成，全书一百二十回分上下两册，共 2 500 余页，配有明代绣像插图，印刷和装帧都十分精美。

雷慕沙的弟子儒莲（Stanislas Julien）是最早将《三国演义》选译到法文的汉学家。儒莲译有"董卓之死"片段，内容取自第三至第九回故事，收入 1834 年重译的《赵氏孤儿》(*Tchao-Chi-Kou-Eul, ou L'Orphelin de la Chine*)一书。除元杂剧《赵氏孤儿》外，该书还收录了少量的诗歌和小说选篇。此后，"董卓之死"这一片段又被编入儒莲的《印度与中国寓言故事集》(*Les Avadanas*, 1859)和《中国短篇小说集》(*Nouvelles chinoises*，1860)中。1845 年和 1851 年，曾跟随儒莲学习汉语的东方学家泰奥多尔·帕维（Théodore Pavie）分两次出版《三国志演义》前三十五回节译（*San-Koué-Tchy, Histoire des trois royaumes*)，虽然未能让法国读者了解经典著作的全貌，但是所译章回之多具有开创之功。此后，巴赞根据《三国演义》第一回译有"黄巾起义"一篇，收入《现代中国》。至 19 世纪末，德比西转译的《中国文化教程》第一卷中收录《三国演义》第一至四回、第二十五回、第四十一回、第四十五至四十九回和第五十六回，共计 12 回。此后，法国汉学界在《三国演义》的译介工作上基本上处于停滞状态。直到 1932 年，徐仲年在《中国诗文选》中选译了第四回"废汉帝陈留践位，谋董贼孟德献刀"、第四十一回"刘玄德携民渡江，赵子龙单骑救主"和第四十二回"张翼德大闹长坂桥，刘豫州败走汉津口"。1934 年，旅华天主教遣使会会士于纯壁（Alphonse Hubrecht）译出小说前三回，中法双语，以《三国志演义（中国史诗）》(*Les Trois royaumes, épopée chinoise*)为书名，由北平西什库遣使会印字馆（北堂印书馆）印行。他还将作品中脍炙人口的经典片段"桃园三结义"翻译成法文，以《三义士盟誓》(*Le Serment des Trois Braves*)为题刊登于 1942 年北京出版的《法文研究》(*Etudes françaises*)第 3 卷第 6 期杂志上。《三国演义》的故事很早传入越南，受到民众喜爱。在越南殖民政府任职的法国人皮埃尔·道丹（Pierre Daudin）译出第六回"焚金阙董卓行凶，匿玉玺孙坚背约"一篇，收入所编《中国–安南印章学》（*Sigillographie sino-annamite*）之中，1937 年在西贡印刷出版。1949 年，在河内出版了第一个一百二十回的越南文全译本。彼时的越南是法国在印度支那的殖民地，也是法兰西远东学院所在地。越南西贡大学教授严全（Toan Nghiêm）和法国学者路易·里克（Louis Ricaud）共同将前六十回翻译成法文，分为两卷，1960 — 1961 年由印度支那研究会在西贡先后出版。封面上的中文书名为《三国志演义》，译著由严全作序、法国明清小说研究专家于儒伯（Robert Ruhlmann）导读，介绍成书过程和版本流传情况，并评述西方各种文字的译本，以帮助法语读者了解著作全貌。1987—1988 年，这部六十回《三国演义》法译本由法国拉马里翁出版社在巴黎再版，分为四卷，每卷十五回，附有清初绘制的木版刻图多幅。法国汉学家乐唯（Jean Lévi）为重版撰写导读，并接过了续译后六十回的任务，在 1989 年出版第五、六两卷，1991 年出版第七卷。历经 30 年，跨越欧亚大陆，这部经典名著的一百二十回法语全译本终于竣工完成。

《西游记》在欧美的译介始于 19 世纪上半叶的法国。儒莲的学生、后来成为法兰西公学院梵语教授的泰奥多尔·帕维最早译出两篇，分别以《三藏和尚江中得救》《龙王的传说：佛教的故事》为题，发表于《亚洲学报》杂志第 9 期和第 10 期上，后收入 1839 年汇编的《故事和短篇小说选集》（*Choix de contes et de nouvelles*）。在 20 世纪初，外交官汉学家乔治·苏利耶·德·莫朗（George Soulié de Morant）在《中国文学概论》（*Essai sur la littérature chinoise*, 1912）中收录三篇，选自通行本第十至十二回。1924 年，他又出版了《西游记》的百回选译本，书名改为《孙悟空和猪八戒：中国的神魔历险记》（*Le Singe et le pourceau, aventures magiques chinoises*），附有画家安德烈·维尔德（André Wilder）绘制的精美彩色插图，图文并茂，具有很强的观赏性。这是一个故事相对完整的译本，但是为适合法国读者阅读进行了一定的改写。改写也是苏利耶·德·莫朗一向采取的翻译策略，即更加注重传播性而不是文本的忠实性。徐仲年在《中国诗文选》中提供了主要从第六回“观音赴会问原因，小圣施威降大圣”和第六十回“牛魔王罢战赴华筵，孙行者二调芭蕉扇”中摘译的篇章，分别取名为“孙猴的变化”和“火焰山”。在 20 世纪 50 年代出现了两个流传颇广的译本，一个是乔治·德里克（George Deniker）根据英国汉学家亚瑟·韦利（Arthur Waley）1942 年英译本转译而来的法文译本《西天朝圣，或朝圣之猴》(*Le Pèlerinage d'Occident ou Le Singe pèlerin*)，1951 年出版，此译本颇受欢迎，至今仍有再版；另一个是 1957 年由著名的瑟伊出版社出版的路易·阿韦诺莱（Louis Avernol）所译的《西游记》(*Si yeou ki ou le Voyage en Occident*)，以 1907 年上海文成书店石印本为底本，译文有 954 页，翻译方式是有选择地意译出大多数情节，百回故事框架完整，译文流畅，1968 年再版。真正完整而忠实原著的《西游记》法语全译本由当代汉学家雷威安（André Lévy）花费五年时间翻译完成，两卷共计 2 500 余页，1991 年终于问世。

法国素有艳情文学传统，故而对古老中国的同类题材不乏兴趣，尤其最早对《金瓶梅》有所发现。早在专业汉学建立初期，雷慕沙认为"《金瓶梅》是一部著名小说，与古罗马腐败时期和现代欧洲所出现的最伤风败俗的作品不相上下"（Abel-Rémusat，1816：39）。1853 年，巴赞表示"可以在不伤风雅的前提下翻译几页《金瓶梅》到法文中来"（Bazin，1853：545）。他根据第一回"西门庆热结十弟兄，武二郎冷遇亲哥嫂"译出一篇《武松与金莲的故事》，收入自己所编《现代中国》第二版中，这也是《金瓶梅》的第一个法语节译本。在 20 世纪上半叶，首先是苏利耶·德·莫朗根据张竹坡第一奇书本[①]编译了一部《金莲》(*Lotus-d'or*)，以书中人物潘金莲为书名，全书近 300 页，1912 年出版。正如译者本人在封面中标明的，作品"改编自中国小说"（Soulié de Morant，1912），是一个概括主要情节的改写本，虽有舛误，但《金莲》使得《金瓶梅》在西方的译介迈出重要一步，该译本后来还被转译成英文。1949 年，波雷（Jean-Pierre Porret）将德国汉学家弗朗茨·库恩（Franz W. Kuhn）的德文缩译本翻译成法文并出版第一卷，书名为《金瓶梅：西门庆与其六妻妾奇情史》(*Kin P'ing Mei ou La merveilleuse histoire de Hsi Men avec ses six femmes*)，在坊间颇为流行，1952 年再版，但是未及第二卷出版便遭到法国官方查禁。此时，波雷继续进行库恩节译本的转译工作，又完成两卷，1967 年出版，待 1979 年解禁时一共译出四十七回。法国比较文学学者、汉学家艾田蒲（René Etiemble）阅读到转译本《金瓶梅》第一卷之后，在被题材所吸引的同时也遗憾于这个译本突出了原书中的色情部分，却删去了反映社会风貌的精华之处。1963 年，他从日本订购五卷本

① 这部书在正文前的全称是"皋鹤堂批评第一奇书金瓶梅"，多数版本的扉页在中间大书"第一奇书"四字，其正文的书口，也题这四字，所以人们常常简称它为"第一奇书本"。清代文学评论家张竹坡评点的第一奇书是《金瓶梅》传播史上影响大、流传广的一种版本。

中文原著《金瓶梅词话》，在20世纪70年代末将这项翻译任务交给当时的年轻学者雷威安，雷威安用七年时间在1985年完成全译本《金瓶梅词话》（*Fleur en Fiole d'Or*），书中配以明末崇祯年间《新刻绣像批评金瓶梅》的200幅绣像作为插图，分上下两册，逾2 700页，是“迄今为止西欧最完备、最忠实的译本”（钱林森，1990：193）。

《红楼梦》的法译本更是姗姗来迟，直到1912年才出现最早的法语节译，即苏利耶·德·莫朗在《中国文学概论》中所译《红楼梦》第一回片段。20世纪20年代，王国维《红楼梦评论》、胡适《红楼梦考证》和俞平伯《红楼梦辩》等著作在国内掀起红学研究热潮，多位留法学子亦致力于《红楼梦》在法国的译介。徐仲年在《中国诗文选》中以“贾宝玉与林黛玉的悲剧爱情故事”为题翻译了“荷包风波”“黛玉葬花”等片段。里昂中法大学学生郭麟阁译出《红楼梦》前五十回，1932年陆续发表在法国报刊上。1932年，德国汉学家弗兰兹·库恩所译《红楼梦》（*Der Traum des roten Kammer*）出版，仅保留宝玉、黛玉和宝钗的爱情故事主线，这个改写本在欧洲颇有影响。法国译者阿迈尔·盖尔纳（Armel Guerne）转译库恩译本成法语，共四十二回，分为两册，先后于1957年和1964年出版，第一次较完整地呈现《红楼梦》的主体故事。毕业于里昂中法大学的李治华和法国妻子雅歌（Jacqueline Alézais）从1954年开始联袂翻译《红楼梦》，曾经旅居中国近半个世纪的法国汉学家铎尔孟（André D'Hormon）负责译稿审校。这部《红楼梦》法语全译本历时27年于1981年问世。

1.2 文学翻译中的经典错位

文学作品的地位差异不仅由其自身价值而且是由社会文化因素决定的，经典性也是多元系统所关切的问题。“所谓‘经典化’，意谓被一个文化里的统治阶层视为合乎正统的文学规范和作品（包括模式和文本），其最突出的产品被社会保存下来，成为历史遗产的一部分”（埃文–佐哈尔，2002：21）。明末文坛便开始流行“四大奇书”之说，即明代四部长篇章回小说《三国志演义》《水浒传》《西游记》《金瓶梅》之合称。此说正是比照“四大正书”（《大学》《中庸》《论语》《孟子》）而言：“‘正书’代表的是大传统，‘奇书’代表的是小传统。”（陈文新，方宪，2014：70）清乾隆时期刊行的《红楼梦》一开始被列入淫书之列，后来在新文化运动中与《三国演义》《水浒传》《西游记》并称“四大名著”。值得关注的是，上述经典作品在法国的译介体现出滞后性和错位性。

在翻译实践中，源语和译入语两种文学系统之间的接受差异值得关注。才子佳人小说晚于“四大奇书”出现，但是更早被译介到欧洲，而且经过移译的世情小说已经表现出代表中国文学进入世界文学的可能性。雷慕沙的《玉娇梨》译本出版后很快在欧洲流传开来，德国作家歌德阅读之后在1827年1月31日与弟子的谈话中称这部中国小说作品“并不像人们所猜想的那么奇怪。中国人在思想、行为和情感方面几乎和我们一样，使我们很快就感到他们是我们的同类人，只是在他们那里，一切都比我们这里更明朗，更纯洁，也更合乎道德”，并由此预言“世界文学的时代已快来临了”（爱克曼，2000：112–113）。由此可见，发生于巴黎的翻译活动赋予了才子佳人小说在中国文学系统中不曾有的经典价值。

从翻译文化史的角度来看，翻译发生于两个民族之间文化认知和交流的需要。随着法国专业汉学的建立，汉学家们开始注意从文学作品中认识中国人的风俗民情。在中国，小说曾长期被认为是“琐屑之言”“残丛小语”，故“不本经传”（鲁迅，2009：1），却也恰好因此可以真实地反映闾巷风俗和人情世故，因此在当时中国文学传统中不登大雅之堂的俗文学在汉学家眼里正是了解中国社会的最佳媒介之一，这也是为什么在19世纪法国对外扩张进程中发展起来的国别区域研究中，法国汉学将中国戏剧和小说纳入研究范畴。汉学家儒莲（2007：93，95）在其所译《平山冷燕》序言中指出：“若要彻底了解我们今后将与之共同生活、相互往来的民族的风俗习惯和性格特征，研究这些现代作品是十分有益的，而且我们也会感到熟悉这些作品也是十分必要的。”正如埃文–佐哈尔所言（2002：20，23），“各种符号现象，也就是由符号主导的人类交际形式（例如文化、语言、文学、社会），须视为系统而非由各不相干的元素组成的混合体，才能较充分地理解和研究”，“都只不过是一个较大的（多元）系统——‘文化’——的组成部分，它们从属于后者，并与后者同构，因此与这个较大的整体以及整体内的其他组成部分有相互关系”。

汉学家翻译中国小说的另外一个目的则与语言学习相关：早前的传教士汉学家通过阅读中国古代典籍习得文言文，19世纪学院派汉学家们意识到汉语教学向白话方向转变的必要性，故转而翻译俗文学作品。然而，当时的法国学院派汉学家初步接触俗文学作品，又远离中国，对源语国的文学系统认识并不全面。19 世纪来华的英国、德国传教士或商人已经在中国本土发现长篇小说名著经典价值，例如最早译介《红楼梦》的欧洲人是德国传教士郭士腊（Karl Friedrich August Gtzlaff）。1842 年，他在广州出版的《中国丛报》中曾经撰文介绍这部小说；而同一时代的法国汉学家安托万·巴赞（Bazin，1853）仍然在《现代中国》中将“十大才子书”列为一流作品（其中《好逑传》《玉娇梨》《平山冷燕》已由其老师们翻译成法文）并大量论述，仅用很少篇幅提及“二等之作”，其中就有《金瓶梅》等“四大奇书”，这种划分说明他当时可能掌握资料有限。总之，巴赞的表述代表了 19 世纪法国学院派汉学家自雷慕沙、儒莲以来对中国古代长篇小说的基本认知。当然，翻译百回以上的长篇小说对当时法国汉学界的学术力量而言难以胜任，虽已有片段节译，但是全译本仍然难以完成。才子佳人小说篇幅通常不超过二十回，在篇幅上更容易接受。图里（Toury，1995：58）曾将翻译政策（translation policy）定义为“那些在某一特定时期支配文本类型或具体文本的选择通过翻译进入某种特定文化 / 语言的因素”，在当时法国汉学界的翻译政策引导下，译者们的翻译活动自然导向才子佳人小说而不是鸿篇巨制的文学经典。

鲁迅（2009：157）在《中国小说史略》中指出，中国古代小说在国外传播与在本国流传之差异：“《玉娇梨》《平山冷燕》有法文译，又有名《好逑传》者则有法德文译，故在外国特有名，远过于其在中国。”20 世纪 40 年代，刘大杰（1983：1066）在《中国文学发展史》中对此现象有所解释：“所谓才子佳人小说中所表现的思想，大都是封建士大夫的传统思想。外国人认为这些作品，正代表中国封建社会的人生观道德观，因此很早就把这些作品都介绍到外国去。《玉娇梨》有英、法译本，《平山冷燕》有法文译本，《好逑传》有英、法译本，因此这些作品为外国人所熟知，本国人反而生疏了。”同一个作品在两种文学系统中产生错位，这正是翻译活动在移植过程中可能产生的效果，这是因为多元系统本身就意味着动态和变化，译者的翻译选择、接受者的期待视野以及社会文化语境都有不同指向。

总之，18 世纪，法国传教士大规模译介中国经史子集，文学尚未成为关注重点。19 世纪，学院派汉学家虽然对白话文学的认识超过前人，但是对中国文学经典认识不足。以悠久丰厚的汉学传统而自豪的法国汉学界对中国古代小说经典的翻译工作却远远落后于其他欧洲国家，其中既有学术系统内的原因，也需要从社会文化语境中寻找解释。大革命后的法国社会风云动荡，在共和与复辟之间多次摇摆，政府频繁更迭，无暇顾及远东。相对而言，英国人殖民扩张势力更早触及亚洲，旅居中国的商贾官员甚多。除了前面所述《好逑传》最早由英国旅华商人译出，在整个 19 世纪，还出现了多个《红楼梦》英文节译本，其中多数都在中国发表，译者多是驻华领事或海关官员。20 世纪上半叶，受两次世界大战的影响，法国汉学界学术力量发展受限，从事小说名著翻译的并非专业汉学家，而是长期旅居中国的法国外交官以及旅法中国学人，以零星节译为主要形态，而且大都发生于域外而非法国本土。因此，在很长时间里，中国古代长篇小说名著对于法国读者而言一直是陌生的经典。直至 20 世纪 60 年代，法国汉学界翻译和研究中国古代小说经典名著的学术力量逐步形成。法国比较文学专家艾田蒲从 20 世纪 50 年代开始组织编纂联合国教科文组织资助的“世界文学名著：认识东方”系列丛书。正是在国际组织的重大项目框架之中，中国古代长篇小说获得了有利的翻译机制，在 20 世纪最后一二十年中被陆续移译到法语世界。这些来自文学国度的经典名著，虽然从初译片段到全译本出版，都经历了一个多世纪的漫长等待，但是都进入了世界文学中心——巴黎享有盛誉的国际出版机构，而且大多数都收录于最负盛名的伽利玛出版社“七星文库”，标志着跻身于文学经典之列。然而，翻译的完成只是异域传播的开始。在中国古代长篇小说名著中，谭霞客的《水浒传》法译本成为最受欢迎、传播最广的作品。

2 谭霞客《水浒传》法译本：从中国文学走向世界文学

2.1 严谨的充分性翻译

《水浒传》法译本被纳入联合国教科文组织“世界文学名著：认识东方”项目之中，艾田蒲选择的译者是话本小说专家谭霞客，其多部译著使得很多法国人爱上中国古代小说，而最成功的译作当属以一人之力费八年之功而完成的《水浒传》。艾田蒲（Etiemble，1982：142–166）对谭霞客的译著褒奖有加，称之为“双重瑰宝”：首先，《水浒传》是一份中国文学瑰宝；继而，法文版《水浒传》已经成为法语文学的一流佳作。艾田蒲称赞谭霞客以自己的功力和努力证明了翻译一部数世纪之前的中国古代白话小说是可能的，而且译得非常成功，“不遗漏任何一个章节，任何一个句子，任何一个单词”，这位具有作家气质和才华的译者“运用散文和诗句向我们奉献了一部长达两千余页的中国古典小说”。艾田蒲认为在其所主编的包含15国文学的“认识东方”丛书中，谭霞客所译《水浒传》属于上乘译著，实现了既忠实又有美感的翻译伦理。换而言之，谭霞客《水浒传》法译本在“充分性”（adequacy）和“可接受性”（acceptability）二者之中寻找到了最佳平衡。这是图里（Toury，1995：56–57）在描述翻译学中提出的初始规范（initial norm）评价参数，充分性是指遵守“源文的规范，以及源文的规范所承载的来源语言和来源文化的规范”，可接受性是指遵守“源于目标文化的规范”。

谭霞客的译著首先遵从充分性翻译规范。他将书名直译为 *Au bord de l'eau*，意为“在水边”，完全遵照中文书名“水浒”一词而译，并未采取赛珍珠（Pearl S. Buck）*All men are brothers*（《四海之内皆兄弟》）或沙博理（Sidney Shapiro）*Outlaws of the Marsh*（《水泊大盗》）等英译本的意译策略。

为了彰显原著古风，谭霞客在译文中大量调用古旧之词，有的在现代法语中仍然使用其古义；有的是已经消失的古法语词，已不见于今日词典，译者将这一类古词列在正文之后，用现代法语解释，以便读者参照。经过笔者统计，这类古词达到580多个。例如，第四十回“梁山泊好汉劫法场，白龙庙英雄小聚义”中，谭霞客使用中世纪古法语词“le martroi”来译“法场”，用“gourmade”来描写守法场监吏的拳脚相加，用“garbouil”来描述这不同一般的“闹”局，行文更加简练，风格更加古朴。此法颇似我国法语专家鲍文蔚用明清拟话本风格翻译法国16世纪拉伯雷的《巨人传》。法国汉学家魏丕信（Pierre-Etienne Will）认为这个译本“在尽可能贴近中国原著方面取得了惊人的成功。译文不回避任何困难，为了使之完整地引进到法国。译者在传达意蕴和遣词（天才地运用中世纪的隐语、行话）方面下功夫”，“可以这么说，法国读者读《水浒传》就像中国读者读《水浒传》一样”（魏丕信，2007：163）。

在文化负载词方面，谭霞客也是悉数移译，方法有四，各有千秋。（1）少数情况中，直接用拼音代替并加注释，如金大坚以小篆体仿造蔡京私章，正文中使用拼音“gravé dans le style antique *xiao-zhuan*”（Shi，1978：9），文后注释细说小篆体来源。（2）多数照字面直译并补充文后注释，如，“翰林院”被直译为“l'Académie de la Forêt des Pinceaux”（Shi，1978：10）。（3）如果行文方便，则正文中释译并存，例如第五十回写宋江为王英和扈三娘做媒，二人立刻成亲，“两口儿”被直译之后附有解释“Les « deux petites bouches » — comme on appelle les jeunes mariés”（“两张亲近的嘴”——此为人们对新婚夫妇的称呼”）（Shi，1978：311）。（4）在语境足以帮助理解的情况下，则遴选贴切的词汇译出并与上下文行文贯通，无注释，如第四十回中宋江和戴宗被押送法场之前被“各与了一碗长休饭、永别酒”：“là, on leur donna à chacun un bol de « riz de repos éternel »（长休饭）et une coupe de « vin de séparation sans retour »（永别酒）”（Shi，1978：20）。此外，《水浒传》中不乏一些专业领域的词汇，例如战争场面的描写，甚至第九十九回与一百回中还有水战场景，谭霞客的相关研究《宋元时期的中国航海术》（*La Marine chinoise du xe siècle au xive siècle*）和《宋元时期公海上的中国平底帆船》（*Les jonques chinoises de haute mer sous les Song et les Yuan Archipel*）为翻译提供了必要的知识和语言储备。《水浒传》法译本考据和注释详备，每一章回附有 10 个到 50 个数量不等的尾注，以解释具有文化特色的词语或文化背景。

《水浒传》法译本在篇幅体制上也完全遵从中文原著。回目翻译没有简省，如第一回“张天师祈禳瘟疫，洪太尉误走妖魔”，译文用词准确明晰，节奏明快，且以上下对句保留原文的对偶修辞：

Le Maître-Céleste Zhang conjure les pestilences,
le grand Maréchal Hong laisse échapper les démons.

（Shi，1978：8）

每一章回最后的结语也同样被译成了音韵和谐的法语诗，例如，第五十回结语二句“恩仇不辨非豪杰，黑白分明是丈夫”被准确而巧妙地译为简洁凝练、一韵到底的四句小诗，而且巧用“Celui qui...”句式表达原文蕴含的普遍性智慧：

Celui qui point ne s**ait**
Distinguer un bienf**ait**

D'un méf**ait** ou forf**ait**

N'est pas un preux parf**ait**.

（Shi，1978：311）

《水浒传》在宋元时期已有流传话本，故而小说中还保存一些口头文学的痕迹，谭霞客没有忽略这些口头叙事特征，完全遵照原文规范进行移译。例如"话说"（L'histoire dit...）、"且说"（Occupons-nous de...）、"再说"（Retrouvons...）、"不在话下"（Voilà pour...）、"话休絮烦"（Mais assez de détails superflus !），"且听下回分解"（Le chapitre suivant va vous mettre au courant），这些语篇连接手段再现了中文原著古老的话本体制和叙事方式。

中国古代章回体小说在每回末尾均有"且听下回分解"一句，谭霞客没有忽视这一套话，其做法是变化表达方式，例如，"Si vous ne lisez la suite vous ne le saurez pas"（若您不读下一回便无法知晓），"... il vous suffit de tourner la page"（您只需翻过书页便可知晓），"Nous vous les dirons sans omission, si vous nous prêtez votre attention"（我们将悉数讲解，请您仔细聆听），"A la prochaine page, vous saurez tout"（翻到下一页，您将知晓一切），"Si vous ne lisez pas la suite, vous n'en saurez jamais rien"（若您不读下一回，将会一无所知），"Si vous n'êtes pas las de lire, nous allons bientôt vous le dire"（若您读书不倦的话，我们马上揭晓下一回），"Lisez la suite de l'histoire, qui ne va pas vous décevoir"（请读下一回，您一定不会失望）。译者变化了数十种说法，而且均采用第二人称（vous），从而建立起与中国话本小说类似的叙事者—读者对话关系，营造了现场说书人一般引人入胜的话语效果。

由上可见，从标题到正文，从词汇到篇章修辞，谭霞客深入理解原文以及中国古代文化，实现了尊重源语文化的充分性翻译。

2.2 跨越时空的可接受性

古典文学翻译工作中不仅存在两种语言和文化差异，还会遇到另外一重困难，即古今语言差异。德国学者弗雷德里希·施莱格尔（Frederich Schlegel）认为："要想将古典作品完美地译为现代语言，首先需要译者充分掌握现代语言，能够进行一切古今转化；同时，他也需要充分理解古典作品，不仅能够模仿而且能够创造。”（转引自 Berman，1995：171）这一设想在谭霞客的翻译实践中成为现实。他所采取的处理方式值得借鉴，即适当选用古词，句式表达则靠近现代法语，由此兼顾模仿和转化。

值得称道的是，《水浒传》法译本中人物对话符合各自的身份和交流的场合，不会令目标语读者感到突兀。例如，第四十回中集中了各种人物的交流场面，谭霞客的译文既尊重原文风貌也易于法语读者的接受，在每一种话语交流中人物的身份、个性和情绪都与所操话语吻合。蔡京之子蔡九知府与同僚黄文炳之间的官员谈话注重礼节，言语斯文：

> Le préfet le remercia : « Voilà plusieurs fois, dit-il, que vous me comblez de vos présents ! C'est vraiment me faire trop d'honneur ! »
>
> 知府谢道：“累承厚意，何以克当。”
>
> « Ce ne sont que de pauvres produits de village, dit l'autre, qui ne méritent pas qu'on en parle ! »
>
> 黄文炳道：“村野微物，何足挂齿。”
>
> « En tout cas, permettez-moi de vous féliciter ! En effet, le jour est proche où vous vous verrez nommé à quelque glorieux poste ! »
>
> 知府道：“恭喜早晚必有荣除之庆。”
>
> « Excellence, comment le savez-vous ? (...) »
>
> 黄文炳道：“公相何以知之？”
>
> （施耐庵，罗贯中，1993：326；Shi，1978：12）

法语译文在此二人对话的遣词造句上相当正式和文雅，符合官场礼仪。

蔡九与戴宗的对话原是遵循上下级之间的礼数，语气平和，后来黄文炳猜测戴宗传递假书信，蔡九审问出破绽之后，怒气冲天，言语节奏立刻加快，各种贬低侮辱之词（“canaille”“malotru”“bandit”“rocaille”）脱口而出，将此时蔡九的气愤表现得栩栩如生。谭霞客的译文十分精妙，尽用俗语，还原了人物情绪和场景：

> « Balilvernes !（胡说！）coupa le préfet. Mais un bandit fieffé de ton espèce

（这贼骨头）, peut-on espérer en tirer quoi que ce soit à moins de le rosser ?（不打如何肯招？）Gardes ! Bâtonnez-moi cet animal, et n'y allez pas de main morte !（左右，与我加力打这厮！）»

当戴宗被带下，蔡九与黄文炳再度交换意见之时，二人之间的客套重在言语中体现：

« Les vues de votre Excellence sont des plus lumineuses ! », approuva Huang. (...)

黄文炳道："相公高见极明。"（……）

« Votre perspicacité voit loin, messire ! », dit le préfet. (...)

知府道："通判高见甚远（……）"

（施耐庵，罗贯中，1993：327；Shi，1978：16）

至于监护法场的吏卒和乔装成三教九流的梁山好汉之间的对话，则充满各种俗语、俚语以及冲突对仗的语气，例如：

« Holà ! Vous autres ! Où avez-vous la tête ? Où vous croyez-vous pour renverser les gens et vouloir être aux premières loges ? »

士兵喝道："你那伙人好不晓事，这是那里，强挨入来要看。"

Les bateleurs répondirent :

那伙使枪棒的说道：

« Et vous, bande de foutus croquants, figurez-vous que nous avons trimardé et roulé notre bosse dans toutes les provinces et préfectures de l'empire, sans exception ! En tous lieux, nous avons déjà vu des exécutions... Même à la capitale, quand c'est le Fils du Ciel en personne qui fait tuer quelqu'un, on laisse les gens regarder ! »

"你倒鸟村，我们冲州撞府，那里不曾去，到处看出人。便是京师天子杀人，也放人看。"

« Mais vous, bousseux et mâchemerde, dans votre trou perdu, sous prétexte que vous décapitez deux hommes, vous faites un tintamarre à ébranler tout l'univers ! Même si nous insistons pour jeter un coup d'oeil, foutre, quelle importance ? »

"你这小去处，砍得两个人，闹动了世界，我们便挨入来看一看。打甚么鸟紧！"

（施耐庵，罗贯中，1993：329；Shi，1978：22）

译文中各种吆喝指责对方的说法都在法语中找到贴切的俗语，甚至于粗俗之词"鸟"字所体现的情境与人物身份也被特意找出既对应原文也符合译入语规范的词语"foutu""foutre"。对于法语读者而言，这部"译著最难能可贵之处就在于能为原著中距今已有几个世纪的人物，找到相应、合适、有趣、生动的口语"，使原著中人物个性化语言得到生动、准确的再现（钱林森，1990：157）。

水泊梁山一百零八将各有诨号，别有含义，因此人物姓名和诨号的翻译也非常重要。谭霞客采取了音译和意译相结合的灵活处理方式：第一次出现的时候会将姓名音译和诨号意译同时呈现，如"Dai Zong, le Messager-magique"（神行太保戴宗），"Li Kui, le Tourbillon-noir"（黑旋风李逵），便于读者全面了解人物信息；之后在行文中基本以音译姓名为主，便于读者辨认和记忆；但是在人员众多或是重要场景中，译者也会再次让姓名音译和诨号同时出现，以起区分辨识和温故知新之用。例如劫法场一段在揭示乔装打扮的各色江湖人等时，译者有心让读者熟悉每一个梁山好汉的身份和特质，而原文只是列举姓名而无诨号：

Et sachez que ces assaillants déguisés en marchands n'étaient autres que Chao Gai, le Roi-céleste ; Hua Rong, le Petit Li Guang ; Huang Xin, Le Maître-des-trois-Monts ; Lü Fang, le Petit Duc Wen ; et Guo Sheng, le Rival-de-Ren-gui. Ceux qui étaient travestis en bateleurs étaient Yan Shun, le Tigre-de-moire ; Liu Tang, le Diable-à-poils-roux (...) (Shi, 1978: 24-25)

这样的处理方式既尊重原文所指也考虑到读者的接受情况。大多数情况下以声音符号为辨识，需要时则重提意译的诨号，书后则提供人名索引，列出音译姓名和意译诨号，并给出每个人物初次出现的章回序号以及长久不见之后再次出现的章回。

图里（Toury，1980：49）认为："没有翻译文本具有百分之百的可接受性或充分性，翻译研究的主要任务翻译之一就是确定它在这两端之间的实际位置，或是它对这两端的结合（或调适）。"受此观点启发，"我们可以把充分性和可接受性视作翻译活动的双重面向"，翻译研究所要考察的不是确定译文在此条轴上某个位置，而是"两个面向之间的接触和重合，重合度高则说明一个译文同时具备较高的充分性和可接受性，翻译效度较高；重合度低则说明译文出现明显偏向和不足，翻译效度相对较低"（车琳，2023：145）。以这种方式考量《水浒传》法语全译，我们可以得到图 1 这样直观的图示。

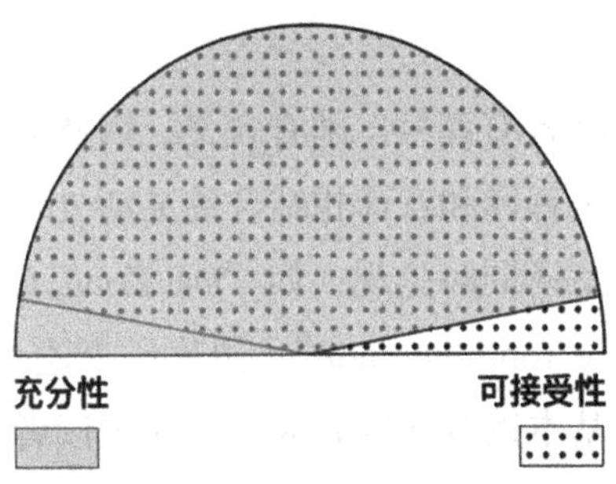

图 1 《水浒传》法译本充分性、可接受性两个面向的接触与重合示意图

"充分性"和"可接受性"并不等同于"异化"和"同化"这一组对立概念。谭霞客《水浒传》法译本证明在进行尊重原文的充分性翻译的同时，也可以提高译文的可接受程度，充分性和可接受性并非必然此消彼长或非此即彼，借助译者的功力，这两种翻译规范有可能得到兼顾和平衡。这正是钱锺书所说"化境"："把作品从一国文字转变为另一国文字，既能不因语文习惯的差异而露出生硬牵强的痕迹，又能完全保存原有的风味，那就算得入于'化境'。"（钱锺书，2015：774）谭霞客的翻译实践证明，可以通过求同存异的语言互动实现文本的理解和跨文化沟通。

谭霞客的《水浒传》法语全译本甫一问世便引起极大反响，当选为法国 1978 年年度之书，"凭借此书，大家公认谭霞客不仅是一位出色的语言穿梭者，更是一位名副其实的法语作家"（Etiemble，1982：142），谭霞客也因一部译著而荣获 1979 年法兰西学院朗格鲁瓦文学奖（prix Langlois）。著名电视制作人贝尔纳·毕弗（Bernard Pivot）所主持的一档广受好评的文化节目曾对《水浒传》展开过讨论，这部作品被公认为“既是中国文学也是法语文学中一部杰出的历史小说”，并且是“世界文学中的杰作”（Kaser，2011：17）。这部至今广受赞誉的译著在 1979 年、1983 年、1994 年、2005 年多次重版，1997 年还推出了普及型的口袋书（该版本依据金圣叹批本保留前 71 回），后来也多次重版。根据最新的受众分析，《水浒传》法译本所获评价在亚马逊网站中国文学类书籍中名列前茅，从读者书评留言中可以发现法语读者的普遍认可：“用词精美”“生动”“层次鲜明，主次明显”“借助中世纪的词汇来叙述故事使读者身临其境，产生共鸣”“大量的注解，包括语境以及地理环境的细节补充，充分照顾到了目的语读者的感受”，并且通过译作“接触到中国文学，这是一个前所未有的愉快体验”（谢思婷，李晓艳，2019：233–234）。正如丹穆若什（David Damrosch）所言，经由翻译，一部“文学作品通过被他国的文化空间所接受而成为世界文学的一部分”（丹穆若什，2014：311）。

3 结语

中国古代长篇小说经典名著是民族性和历史性的，也是世界性的。翻译活动是民族文学世界化、经典化的重要途径：有的作品在源语文化中未必是经典，但是可以通过翻译成为文学经典；相反，也有一些作品在源语文化中是公认的经典，但是在翻译中受到损失。“在翻译中受损的文学，通常局限于本民族或本地区的传统内；而从翻译中获益的文学，则进入世界文学的范畴”（丹穆若什，2014：317）。从宏观系统而言，历史语境、社会文化、翻译机制和政策、受众需求、译者主体都对文学作品的域外传播和经典化产生影响。从微观系统而言，“翻译是‘源语’文化和‘目标语’文化的一种协商”（丹穆若什，2014：187），译者需要兼顾“充分性”和“可接受性”之间的平衡和协调，从而提升翻译效度。只有经历住德国浪漫派诗人荷尔德林（Friedrich Hölderlin）所谓“异的考验”（转引自 Berman，1995：251），翻译活动才能保证一部经典作品的生命和光彩在另一空间中得到延续和发展。

参考文献

Abel-Rémusat, J-P. 1816. *Le Livre des récompenses et des peines* [M]. Paris: Antoine-Augustn Renouard.

Bazin, A. 1853. *Chine moderne, description historique, géographique et littéraire de ce vaste empire, d'après des documents chinois* [M]. Paris: Firmin Didot frères.

Berman, A. 1995. *L'Épreuve de l'étranger: Culture et traduction dans l'Allemagne romantique* [M]. Paris: Gallimard.

Etiemble, R. 1982. *Quelques essais de littérature universelle* [M]. Paris: Gallimard.

Kaser, P. 2011. Hommage à Jacques Dars [J]. *Etudes Chinoises*, (30): 13-18.

Shi N-A. 1978. *Au bord de l'eau (Shui-hu-zhuan)*, texte traduit, présenté et annoté par Jacques Dars [M]. Paris: Gallimard.

Soulié de Morant, G. 1912. *Lotus-d'or, roman adapté du chinois* [M]. Paris: G. Charpentier et E. Fasquelle.

Toury, G. 1980. *In search of a theory of translation* [M]. Tel Aviv: Tel Aviv University.

Toury, G. 1995. *Descriptive translation studies and beyond* [M]. Amsterdam and Philadelphia: John Benjamins.

埃文-佐哈尔，2002. 多元系统论 [J]. 张南峰，译 . 中国翻译（4）：19–25.

爱克曼，2000. 歌德谈话录 [M]. 朱光潜，译 . 北京：人民文学出版社 .

车琳，2023. 异的考验：《红楼梦》的法译历程与翻译规范 [J]. 外语教学与研究（1）：136–147.

陈文新，方宪，2014. 经典的世代更替与中国文化的历史进程——兼论中国文学史书写的长时段视角 [J]. 华中师范大学学报（人文社会科学版）（3）：68–74.

丹穆若什，2014. 什么是世界文学？ [M]. 北京：北京大学出版社 .

刘大杰，1983. 中国文学发展史 [M]. 上海：上海古籍出版社 .

鲁迅，2009. 中国小说史略 [M]. 北京：团结出版社 .

钱林森，1990. 中国文学在法国 [M]. 广州：花城出版社 .

钱锺书，2015. 林纾的翻译 [A]// 罗新璋，陈应年 . 翻译论集 . 北京：商务印书馆：774–805.

儒莲，2007.《平山冷燕》法译本序 [A] // 邱海婴，译 . 钱林森 . 法国汉学家论中国文学——古典戏剧和小说 . 北京：外语教学与研究出版社：91–99.

施耐庵，罗贯中，1993 . 水浒全传 [M]. 长沙：岳麓书社 .

魏丕信，2007. 从《水浒传》到《儒林外史》[A] // 钱林森，译 . 钱林森 . 法国汉学家论中国文学——古典戏剧和小说 . 北京：外语教学与研究出版社：163–181.

谢思婷，李晓艳，2019. 水浒传在法国的传播与接受——基于亚马逊网站读者评论视角 [J]. 海外英语（16），233–234.

作者简介

车琳，教授，博士生导师，北京外国语大学外国文学研究所。研究方向：法语文学，比较文学，法国汉学。电子邮箱：chelin@bfsu.edu.cn

误读、考源和呈象：俄国早期斯拉夫派思潮管窥*

陈　辉

摘要： 俄国早期斯拉夫派思潮发生于19世纪30—60年代，其核心思想构成俄国哲学基础。斯拉夫派观点一度被历史误读，沙俄时期被镇压，苏联时期被禁止，苏联解体之后成为学界研究焦点。斯拉夫派思想继承了自18世纪彼得一世改革以来俄国知识分子所发起的对本土民族身份的诉求，于19世纪下半叶在民粹派和根基派中间得到进一步发展。斯拉夫派思潮主张本土性、村社性和聚合性，即俄国未来应选本土民族之路，发扬传统村社特点，坚守东正教会聚合本性。

关键词： 斯拉夫派；霍米亚科夫；基列耶夫斯基；俄国村社

19世纪俄国思想呈现两大分野——斯拉夫派和欧洲派，前者是在与后者对立和辩论中产生的。斯拉夫派有广义和狭义之分（Фатеев，2009：9–10）。从广义角度看它是开放的，"所有多少有点名声、名副其实的（俄国）精英，最终都会转向民族情感，成为一位人民的、斯拉夫派的"（Достоевский，1983：207）；狭义上它是闭合的，特指一段社会思潮，开始于19世纪30年代，以1839年霍米亚科夫（Хомяков А.С.，1804—1860）的手稿《论旧与新》（*О старом и новом*）和基列耶夫斯基（Киреевский И.В.，1806—1856）的文章《答霍米亚科夫》（*В ответ А.С. Хомякову*）为标志，结束于19世纪60年代，以三位代表人物——基列耶夫斯基、霍米亚科夫和阿克萨科夫（Аксаков К.С.，1817—1860）相继去世为节点。狭义斯拉夫派，即早期斯拉夫派，创建文学小组，举办定期沙龙，共同探讨学说，经常在杂志《莫斯科市民报》（*Москвитянин*）、《俄罗斯谈话》（*Русская беседа*）、《农村公共事业》（*Сельское*

* 本文系广东外语外贸大学2020年度特色创新项目"俄罗斯文学与斯拉夫主义"（项目编号：299-GK20GS41）的阶段性成果。

благоустройство），以及报刊《传闻》（*Молва*）、《帆》（*Парус*）上发表文章，出版过《辛比尔斯克论文集》（*Синбирский сборник*，1844）、《有关俄罗斯及其共同宗教主义者和共同部落民族的历史和统计文献集》（*Сборник исторических и статистических сведений о России и народах ей единоверных и единоплеменных*，1845）和3卷《莫斯科文集》（*Московский сборник*，1846、1847、1852），他们的作品屡遭书刊检察机关查禁，只好以手稿形式秘密发行。斯拉夫派与欧洲派思想对立，但前者称名却出自后者之笔。原本是卡拉姆津（Карамзин Н.М.，1766—1826）及其追随者称呼希什科夫（Шишков А.С.，1873—1945）等人为"斯拉夫的"，该称名后被欧洲派借以戏讽霍米亚科夫及其志同道合者。尽管霍氏等人不满，相比他们更希望被唤作"莫斯科人""莫斯科派"或者"莫斯科党"，以此回应对立的西方欧洲派自诩的"彼得堡帮"；可是，"斯拉夫派"这一称名极具历史生命力，被时代接受和流传，其中亦有霍氏思想继承者（Сухов，2001）。

早期斯拉夫派与欧洲派思想分歧集中体现在俄国未来之路的抉择，以及面对西方欧洲文明的态度上。斯拉夫派并不是全盘否定欧洲文明，也不是机械批判西方理性。霍米亚科夫并不反对吸收西方先进文化，他在《论旧与新》中指出，"如果说在俄国，以往的生活中任何美好而富有成果的东西都不曾有过，那我们就只能从其他民族那里、从理论本身中、从最文明民族的榜样和劳动中，以及从现代的努力中吸取一切有益的东西"（霍米亚科夫，2013：97）。基列耶夫斯基创办杂志《欧洲人》（*Европеец*），发表文章《19世纪》（*Девятнадцатый век*），文中系统阐释了学习欧洲启蒙思想，学习西方先进知识和技术的必要性。但是，他们基于对民族历史的研究，认为俄国与西方文化异质，坚决反对"拿来主义"。基列耶夫斯基在《论欧洲文明的特征及其与俄罗斯文明的关系》（*О характере просвещения европы и о его отношении к просвещению России*，1852）一文中，列举了24条东西文明的异质表现，并指出，在欧洲二元对立与分裂无处不在，包括"精神、思想、科学、国家、阶级、社会、家庭权利和义务、伦理道德和内心状态等诸多方面"，而古罗斯[①]恰好相反，主要表现为"追求日常生活的整体性，无论是内在的还是外在的，社会生活的还是个人生活的，

① 古罗斯是指俄罗斯9—13世纪的历史阶段。

精神生活的还是日常生活的，人为生活的还是道德生活的”（Киреевский，1979：289–290）。鉴于文明异质，“土壤不同……很难开出花”，所以霍米亚科夫坚决反对不加思辨地接受他者经验，他认为一个“社会在自我之外寻找维护自我的力量，这种社会已处在病态之中”（霍米亚科夫，2013：111）。斯拉夫派在批判欧洲理性、否定“拿来主义”的同时，针对俄国未来发展提出应该发扬民族本土性。霍米亚科夫认为，“在当时的俄国保留着许多美好的本能”（霍米亚科夫，2013：99），但是这些本能在历史中被“歪曲”和“践踏”，“现在所有从前的原则都能够并应该得到发展，依靠自身的不灭动力向前推进”（霍米亚科夫，2013：103）。基列耶夫斯基在《论普希金诗歌的某些特点》（*Нечто о характере поэзии Пушкина*）中，总结了诗人创作的三个进程——“意大利—法国流派”时期、“拜伦竖琴回声”时期和“俄罗斯普希金”时期，进而指出，诗人创作的最高成就在于对本土性和民族性的诉求（Киреевский，1979）。

早期斯拉夫派主张国家发展应该坚持本土民族性，他们认为，植根于人民生活的东正教文化是本土性的基础，存在于国家历史中的村社现象是民族的优良传统（Сухов，2001）。发扬“民族本土性”“教会聚合性”和“历史村社性”是斯拉夫派的核心理念。术语“聚合性（соборность）”，“是一个很难译成外文的俄国宗教哲学和神学专用术语”，“西文中多采用音译法（sobornost）”，“在汉语中也难以找到确切译名”。在中国学者看来，它就是西方哲学自古以来就一直在寻求解决的“多样性的统一”问题（徐凤林，1999：3）。斯拉夫派所强调的教会聚合性和村社集体性这一共同体精神，不仅反映在他们的哲学思想里，还体现在他们评论文学的随笔札记当中。俄国19世纪很多作家或自觉或无意识地与斯拉夫派互应互和，在“寻找自我”的激情中（Лотман，1997：169）各抒己见。

1　斯拉夫派精神历史误读与接受

早期斯拉夫派命运多舛，19世纪30—40年代产生之初受到沙俄政府镇压、自由派和激进派嘲讽，苏联时期被主流社会禁止，苏联解体后进入新的历史时期，该派思想研究终究得以全面客观展开。

沙俄时期早期斯拉夫派思想研究主要来自实证自由派，以别林斯基（Белинский В.Г.，1811—1848）、赫尔岑（Герцен А.И.，1812—1870）和索洛维约夫（Соловьев Вл.，1853—1900）为代表，他们以书刊为阵地，以辩论为形式进行评斥。别林斯基坚决反对斯拉夫派，其立场主要体现在《彼得大帝之前的俄国》（*Россия до Петра Великого*，1841）、《论 1846 年俄国文学》（*Взгляд на русскую литературу 1846 г.*，1846）和《答〈莫斯科人〉》（*Ответ "Москвитянину"*，1847）中。他反对斯拉夫派民族整体性思想，认为俄国社会具有双重性，缺乏精神统一，没有欧洲那种独特而鲜明的民族性，所以俄国人更能够融会贯通，更擅于按照法国人或者德国人、英国人的思维模式去思考问题，这一切都缘于彼得一世改革（别林斯基，1999）。别林斯基不遗余力地提倡学习欧洲，谴责斯拉夫派的宗教观、人民性和村社思想，他甚至有些"偏激"和"狂热"（赫尔岑，2018：93）。别林斯基与阿克萨科夫进行辩论，先后发表《由果戈理的〈死魂灵〉而引起的解释的解释》（*Объяснение на объяснение по поводу поэмы Гоголя "Мертвые души"*，1842）、《乞乞科夫的游历或死魂灵》（*Похождения Чичикова или Мертвые души*，1847），他在文中严词批评对手的俄国宗法制理想化倾向。之后，西方派左翼继承别林斯基和车尔尼雪夫斯基（Чернышевский Н.Г.，1828—1889）的思想衣钵，如皮萨列夫（Писарев Д.И.，1840—1868），他发表文章《俄罗斯的堂·吉诃德》（*Русский Дон-Кихот*，1861），用以讽刺基列耶夫斯基。西方派左翼后续发展为革命激进派，他们对斯拉夫派的研究不够深入，没有独到见解，多为肤浅嘲弄后者的宗教迷信和复古反动。他们的研究遭到同时期著名评论家沃雷恩斯基（Волынский А.Л.，1863—1926）的批评，沃氏在《皮萨列夫和赫尔岑论基列耶夫斯基》（*Писарев и Герцен о Киреевском*，1895）一文中指出他们文章失实。

与别林斯基不同，赫尔岑对待斯拉夫派思想有扬有弃。赫尔岑撰文《不是自己人的斯拉夫派（异己者）》（*Не наши*），与亚济科夫[①]（Языков Н.М.，1803—1847）的诗作《致异己者》（*К не нашим*，1844）相呼应。赫尔岑没有完全否认斯拉夫派的观点，他承认他们的高尚和成就，认为"俄国思想界的转折点是从他们开始的"，"他们已唤醒了迷惘的舆论，迫使一切严肃的人不得不进行严肃的思考"（赫尔岑，2018：201）。温和西方派的卡维林（Кавелин К.Д.，

① 亚济科夫（Языков Н.М.，1803—1847）是俄国 19 世纪浪漫主义诗人，其创作后期具有斯拉夫派倾向。

1818—1885）与赫尔岑态度相同，前者年轻时经常出入斯拉夫派沙龙，对他们的思想比较理解，认为斯拉夫派与西方派的立场都有道理，每一个俄罗斯人都应该一半是斯拉夫派，一半是西方派（Кавелин，1899）。19 世纪 60 年代的根基派延续赫尔岑的辩证视角，其代表人物格里戈里耶夫（Григорьев А.А.，1822—1864）、斯特拉霍夫（Страхов Н.Н.，1828—1896）和陀思妥耶夫斯基（Достоевский Ф.М.，1821—1881）等基本认同斯拉夫派观点，只是反对斯拉夫派的某些教条主义极端思想。他们在《时代》（*Современник*）发表文章，从中不难发现既有尖锐批判也有褒奖赞扬。

19 世纪俄国著名哲学家索洛维约夫提出斯拉夫派“衰亡”论。索氏精通斯拉夫派思想，他认为丹尼列夫斯基（Данилевский Н.Я.，1822—1885）在《俄罗斯与欧洲》（*Россия и Европа*，1869）一书中显示出斯拉夫派民粹倾向，因此撰文《斯拉夫主义和它的衰落》（*Славянофильство и его вырождение*，1889）对该倾向提出批判，并指出，该倾向与霍米亚科夫等人的历史哲学有关，霍氏强调民间多神教文化优于宗教信仰。索洛维约夫的“衰落”说深受时代认同，俄国政治家和历史学家米留科夫（Милюков П.Н.，1859—1943）为了回应于 1893 年发表《斯拉夫主义的瓦解》（*Разложение славянофильства*）。索洛维约夫奠定了斯拉夫派思想批评的哲学基础，但是他的某些言论夸大其词，哗众取宠，有失客观，后来受到斯特拉霍夫的驳斥。同时代另一位哲学家罗赞诺夫（Розанов В.В.，1856—1919）对斯拉夫派研究也有精辟论述，他的态度前后变化较大，有肯定也有否定，他在《霍米亚科夫》（*Хомяков*，1910）一文中充分肯定霍氏作为俄国第一位本土哲学家所取得的成就，而在《悼念斯拉夫主义和斯拉夫派》（*По минки по славянофильстве и славянофилах*，1904）一文中则对斯拉夫派完全否定，认为斯拉夫派没给俄国带来实质性好处，“斯拉夫主义就像摆盘精美的餐桌，但所有美食都忘记了放盐”（Розанов，2000：269–281）。罗赞诺夫在《格拉诺夫斯基》（*Т.Н. Грановский*，1905）一文中嘲笑斯拉夫派戴假发，指责他们矫揉造作；在《弗洛伦斯基论霍米亚科夫》（*П.А. Флоренский об А.С. Хомякове*，1916）一文中批评斯拉夫派，称他们“头脑睿智……但腿脚残疾，而西方派头脑愚笨，但奔跑迅捷，在所有跑道上西方派都果敢超越斯拉夫派”（Розанов，2008：403–413）。综上所述，不难看出，斯拉夫派思想对于同时代来说难于理解，不被接受，“在革命前（1917）终究没有成为学术研究范畴”

（Фатеев，2009：30）。

苏联时期早期斯拉夫派思想研究，因为受意识形态影响，所以呈显出教条性和片面性。由于斯拉夫派宣扬宗教文化和追求古风，苏联时期被定性为敌对思想，对其研究成果有限。例如，德米特里耶夫（Дмитриев С.С.，1906—1991）的《斯拉夫派和斯拉夫主义》（*Славянофилы и славянофильство*，1941），从阶级角度把斯拉夫派简单归为“地主党”，片面讨论其进步性和反动性；再如20世纪50年代杰缅季耶夫（Дементьев А.Г.，1904—1986）等学者，他们认为斯拉夫派是“阻碍资本主义发展和解放运动的贵族反动势力”（Дементьев，1951：355）。20世纪60年代末研究成果数量逐渐增多，但研究焦点多局限在对早期斯拉夫派创作的文学性进行研究，如论文集《斯拉夫派文学立场和创作（1830—1850）》（*Литературные взгляды и творчество славянофилов. 1830-1850-е годы*，1978），或者侧重研究斯拉夫派的社会主张，如主张废除农奴制等。另外，苏联马克思主义学派受机械历史主义影响，对斯拉夫派界定狭隘和僵滞，前者仅将后者局限在19世纪30年代的莫斯科小组，而屏蔽了许多观点接近的思想家和作家，如波戈津（Погодин М.П.，1800—1875）、舍维列夫（Шевырев С.П.，1806—1864）、丘特切夫（Тютчева Ф.И.，1803—1873）、奥陀耶夫斯基（Одоевский В.Ф.，1804—1869）和达利（Даль В.И.，1801—1872）等。这种研究方式把斯拉夫派从复杂历史中分离出来，使它失去与时代的联系，把研究客体简单化、单一化，这有悖于斯拉夫派文化传统。众多学者都曾指出，斯拉夫派不是凝固的教条，一成不变的，例如斯特拉霍夫写道，“我们的任务不在于确认和传播，而在于掌握……和发展”（Страхов，1902：167）。尽管斯拉夫主义是霍米亚科夫、基列耶夫斯基、阿克萨科夫等人提出的，但是作为高度文明的爱国主义传统，在俄罗斯文化中自古存在，罗赞诺夫写道，“朋友们，难道你们不知道吗，爱是永远无法泯灭的！而斯拉夫主义，其实质是对俄罗斯的爱，它将永恒！”（Розанов，1997：411）。

苏联时期关于早期斯拉夫派思想研究，取得较大成就的是流散欧洲的俄裔知识分子和欧洲学者。斯拉夫派思想深受欧洲学者关注，他们出版大量学术著作，对霍米亚科夫、基列耶夫斯基、阿克萨科夫等进行了深入研究。斯拉夫派同样引起俄裔知识分子的思考，如津科夫斯基（Зеньковский В.В.，1881—1962）、洛斯基（Лосский Н.О.，1870—1965）和弗洛罗夫斯基（Флоровский

Г.В.，1893—1979）等，他们在专著中辟有专章讨论，并且给予斯拉夫派很高评价。例如，津科夫斯基认为，“基列耶夫斯基是19世纪上半叶最有影响力的哲学家”（津科夫斯基，2013：前言，27）；洛斯基认为，霍米亚科夫思想成就了索洛维约夫理论的形成，是俄国宗教哲学的基础（洛斯基，1999）。早期斯拉夫派思想也成为众多俄侨作家的创作主题，如什梅廖夫（Шмелев И.С.，1873—1950）等。

苏联解体之后，早期斯拉夫派思想研究进入新时期，呈现客观化和多样化趋势。1994年，俄罗斯国家科学院俄罗斯文学研究所出版了论文集《斯拉夫主义与时代性》（*Славянофильство и современность*，1994），充分肯定斯拉夫派思想的历史意义和时代价值，该文集涉及广泛问题，探讨了斯拉夫派的起源和思潮形成，分析了该学说的实质和时代需求，研究了该思潮的发展和新时期的历史意义。除此之外，学界还出版了科捷利尼科夫（Котельников В.А.）的《东正教禁欲主义和俄罗斯文学》（*Православная аскетика и русская литература*，1994）、叶萨乌洛夫（Есаулов И.А.）的《俄国文学的聚合性问题》（*Категория соборности в русской литературе*，1995），沙波什尼科夫（Шапошников Л.Е.）的《聚合性哲学：俄罗斯自我认同札记》（*Философия соборности. Очерки русского самосознания*，1996）、苏霍夫（Сухов А.Д.）的《百年辩论：俄罗斯哲学中的西方性和本土性》（*Столетняя дискуссия. Западничество и самобытность в русской философии*，1998）、普希金（Пушкин С.Н.）的《俄罗斯保守主义的历史哲学：19世纪》（*Историософия русского консерватизма. XIX век*，1998）、科舍列夫（Кошелев В.А.）的《霍米亚科夫》（*А.С. Хомяков*，2000）等，他们分别从文学和哲学角度探讨斯拉夫派思想的禁欲观、聚合观、本土观和历史观等核心理念。

2 斯拉夫派精神考镜溯源与演变

1839年霍米亚科夫发表《论旧与新》，该文实质是回应，回应时代思潮，回应恰达耶夫（Чаадаев П.Я.，1794—1856）的《哲学书信》（*Философические письма*，1829）。1825年12月，为追求民主主义思想，俄国贵族知识分子发动起义，却遭受失败，自此社会思想陷入迷惘和空虚。显然，“完全否定自身的历史经验，盲目依赖西方哲学的理性精神，进而建立劳动人民自由国度的实验终以失败告终”［Российская АН, Ин-т русской литературы (Пушкинский дом), 1994：3］，面对未来，时代呼唤思考。西方派认为，“俄罗斯应当向西方学习”，应当“掌握欧洲科学和启蒙运动的成果”，“他们倾向于夸大俄国教会的缺点”（洛斯基，1999：54）。恰达耶夫秉持相同观点，于1829—1931年用法文撰写《哲学书信》。在文中，他赞扬欧洲，在那里“义务、公正、权力、秩序观念……是从组成那种社会的事件本身之中产生出来的，它们成为社会结构的必要成分”，并且“要比构成心理——欧洲人的生理的东西更多”（Чаадаев，1991：329）；他批判俄国，“我们……既不属于西方，也不属于东方，我们既没有西方的传统，也没有东方的传统”，“我们在世界上是孤独的，没有带给世界以任何东西，也没有从世界里获取任何东西，我们没有给人类思想总库带来任何一种思想”（恰达耶夫，1999：48–71），“我们的国土如果不是从白令海峡一直延伸到奥得河，我们会完全被人们所忽略……一般说来，我们过去和现在活着只是为了向以后的世代提供某些重要教训”（Чаадаев，1991：332）。面对恰达耶夫等西方派对俄国的批判和机械否定，霍米亚科夫发出质疑，“旧时的俄国一切都更好”吗？现代的俄国呢？“哪一个更好，旧俄国还是新俄国？是有许多异国因素注入到它现在的机体中吗？这些因素对它是合适的吗？它是失去了许多自己的根本原则吗？这些原则值得我们为之惋惜并努力加以恢复吗？”（霍米亚科夫，2013：92，97）霍米亚科夫辩证地看待新旧俄国，他不认为旧时俄国一切都好，但是反对国家发展完全利用“异国因素”而失去“自己的原则”，他认为俄国历史蕴藏许多精华，值得去挖掘和“恢复”。霍米亚科夫肯定民族本土文化，这与恰达耶夫形成对话，从而开启斯拉夫派与欧洲派长达百余年的思想论辩。霍氏的《论旧与新》成为论辩纲领，斯拉夫派作为一股思潮正式走入社会舞台。

斯拉夫派思想是在反对欧洲派、与之论辩中形成和发展的，后者先于前者存在，后者的诉求西方、诉求域外他者之精神，在俄国历史上早已有之，欧洲派思想萌芽于留里克王朝[①]建立之初。关于俄国形成，有两个假说——外族

① 留里克王朝（династия Рюриковичей）建立于862年。

维京起源理论和社会内部发展理论。关于维京假说，《往年纪事》[①]（*Повесть временных лет*）有相关记载：诺夫哥罗德原有土著斯拉夫人面对内讧“漫无秩序”，决定从域外寻求“王公”过来称王和治理（王钺，1994）。俄国历史上有两次大规模的自上而下的他者文化认同、域外文明接受的历程，即宗教皈依和彼得一世改革。《往年纪事》记载，为迎娶拜占庭皇帝瓦西里二世的妹妹安娜公主，基辅大公弗拉基米尔答应接受域外基督教，取代本土斯拉夫人的原始多神教（王钺，1994）。宗教皈依和拜占庭文明的输入，促使俄语文字和文学出现，促使俄国历史上第一次实现社会发展的大飞跃，基辅罗斯这个于9世纪建立的国家一度成为中世纪欧洲巅峰时期的强国。从拜占庭传入的基督教成为古罗斯国教，成为俄罗斯民族性格的主要特征，而古罗斯本土的原始多神教被边缘化，被遮蔽。彼得一世改革成就第二次飞跃，为俄国19世纪成为“欧洲宪兵”夯下坚实的基础。但是，18世纪俄国完全效仿欧洲的社会发展战略，一方面促使国家强大，另一方面却激发贵族精英的民族本我意识，这一现象首先体现在罗蒙诺索夫（Ломоносов М.В.，1711—1765）与德国史学家米勒（Миллер Г.Ф.，1705—1783）的争论。前者批评后者的论文《论俄国人民和姓名起源》（*Происхождение имени и народа российского*，1749）部分失实，例如，在研究古罗斯城市和姓名词源问题与研究古斯拉夫历史时，米勒存在很多错误，其原因在于米勒盲目追寻了巴耶尔（Байер Г.З.，1694—1738）《论古斯基泰部落起源》（*О начатке и древних пребывалищах скифов*，1728）和《论瓦良格人》（*О варягах*，1732）的史学观点，“巴耶尔凭空想象，认为古罗斯大公的姓名起源于斯堪的纳维亚，这简直滑稽可笑，不可容忍，……这不仅不能接受，读起来也不可能不愤怒，如果你发现这些姓名明显起源于斯拉夫语……当然，我不否定，最早一批古罗斯执政者他们的姓氏来自斯堪的纳维亚，但是你不能就此肯定他们就是斯堪的纳维亚人，这就好比很多俄罗斯人有着希腊和犹太姓氏，但是你不能就此说他们是希腊人或者犹太人”（Ломоносов，1952：30-33）。同时代的特列季亚科夫（Тредиаковекий В.К.，1703—1768）赞同罗氏，撰文批评德国学者的史学考古，认为按照他们的词源研究，“我们可能是瑞典人、挪威人、丹麦人，或者德国人……但就不会是俄罗斯人”（Тредиаковский，1849：

① 《往年纪事》，俄国编年体史书，创作于12世纪。

417）。罗蒙诺索夫等人与德国学者的论辩，尽管焦点是语言学和民族学问题，但充分体现出俄国学者民族意识的加强，这是19世纪斯拉夫派诉求本土性民族性的思想萌芽。继罗蒙诺索夫之后，第二波彰显民族意识的论辩发生在希什科夫和卡拉姆津之间。1803年希什科夫发表《论俄语语体的旧与新》（*Рассуждение о старом и новом слоге российского языка*），1804年予以增补，后续发表《论圣经修辞》（*Рассуждение о красноречии Священного Писания*，1810）、《俄语爱好者的谈话》（*Беседы любителей русского слова*，1811）。希什科夫通过系列文章，呼吁文学创作应回归口头传统，回归民间白话，回归东正教会书面语，同时指责卡拉姆津等人"屈服欧洲革命虚伪理论的诱惑"，指责他们在描绘自己的思想时，放弃本国文化中历史上形成并根深蒂固的惯式，而采用域外规则和概念。希什科夫认为，语言风格是作家思想认同的主要标志（Лебедев，2007：28）。斯拉夫派主要代表阿克萨科夫视希什科夫为思想先驱，前者在评论18世纪文学时指出，"在一片嘲讽和中伤声中……那些相信俄国存在的人并不窘迫，那些时代精英——波尔金（Болтин И.Н.，1735—1792）、希什科夫和《聪明误》（*Горе от ума*）的作者格里鲍耶陀夫（Грибоедов А.С.，1795—1829），奋起反对机械仿效，强调本土性的必要……那些高尚的人是奴性效仿时代的一点安慰"（Аксаков，1978：177–178）。斯拉夫派另一位重要代表霍米亚科夫持相同观点，认为希什科夫思想有是有非，但是在"同时代文学家大都支持卡拉姆津"时，"请不要忘记格里鲍耶陀夫认为自己是希什科夫的学生，果戈理（Гоголь Н.В.，1809—1852）和普希金肯定他的功绩，就连卡拉姆津本人后来也认为他是对的"（Хомяков，1988：256）。希什科夫对待民族语言、历史和文化传统的积极态度，与斯拉夫派基本一致，在希什科夫与同时代人的论辩中显现了斯拉夫派思想雏形。继希什科夫之后，普希金驳斥恰达耶夫的《哲学书信》，进一步显示出俄国知识分子逐渐高涨的民族意识。1836年11月19日普希金写信回应恰达耶夫，"如果认为我们的历史一无是处，我肯定不赞同。奥列格和斯维雅托斯拉夫[①]的远征，甚至皇室领地之间的内讧，难道这些不是民族之初自发的热烈而充满激情的生活？鞑靼入侵，哀鸿一片，场面宏大，

① 这里是指古罗斯王公奥列格（Олег Вещий，？—912）和斯维雅托斯拉夫（Святослав Игоревич，942—972），他们都以骁勇剽悍著称。

它唤醒古罗斯，使之壮大，建立统一国家。讲到伊凡三世和四世，讲到开启于乌格里奇而结束于伊帕季修道院的伟大篇章[①]，难道这些都不是历史，而仅仅是苍白的几乎被遗忘的梦？”（Пушкин，1949：172）普希金后期创作常常表现出与斯拉夫派同流的趋势，例如关注古罗斯村社制度、原始多神教文化等。继普希金之后，1839 年霍米亚科夫发表《论旧与新》，正式宣告斯拉夫派成立。

早期斯拉夫派思潮结束于 19 世纪 60 年代，因其主要代表人物相继去世，以及出现新的社会任务——农奴制改革，但是，他们之主张——强调民族本土性、历史村社性和教会聚合性，被历史接受和发展。例如，该派继承者小阿克萨科夫（Аксаков И.С.，1823—1886）和萨马林（Самарин Ю.Ф.，1819—1876），通过各自的期刊《古罗斯》（*Русь*）、《谈话》（*Беседа*），以及吉利亚罗夫-普拉东诺夫（Гиляров-Платонов Н.П.，1824—1887）的《当代新闻》（*Современные известия*），继续宣扬老一辈思想。小阿克萨科夫总结到，“俄罗斯将注定显示新的历史文化类型，她将基于东正教的斯拉夫文化融合东方和西方”（Аксаков，1886：677）。19 世纪下半叶，俄国社会思潮纷呈，其中很多观点与斯拉夫派相同或相近，例如根基派、民粹派等。根基派反对斯拉夫派和欧洲派过于极端的思想，试图综合两派精华，“他们非常努力地调和斯拉夫派和欧洲派，为此他们从两派思想中各取部分”（Антонович，1861：178），所以根基派同样诉求“民族性根基”和东正教文化。陀思妥耶夫斯基撰文《两个阵营理论家》，主张融合（Достоевский，1862），并在 1877 年 7—8 月的日记随笔《斯拉夫主义者的告白》中公开承认，“我在很多方面都秉承斯拉夫派信仰，尽管我不是完全的斯拉夫主义者”（Достоевский，1983：195）。斯特拉霍夫在回忆陀氏时指出，根基派开启了后斯拉夫派时代（Страхов，1990），“从某种角度……他就是一位斯拉夫主义者，是一位狂热的斯拉夫派思想追随者”（Страхов，1894 г.，25 ноября：16）。斯特拉霍夫的三卷本《我们文学中与西方的斗争》（*Борьба с Западом в нашей литературе*）也深刻烙有斯拉夫派思想印迹；1869—1871 年

① 这里，普希金将俄国历史上的混乱时期（Смутное время, или Смута）称为“伟大篇章”；乌格里奇事件是指 1591 年 5 月 15 日皇子德米特里（царевич Дмитрий，1582—1591）在乌格里奇（Углич）神秘死亡；伊帕季修道院事件是指 1613 年 3 月 14 日在伊帕季修道院（Ипатьевский монастырь）召开全俄缙绅会议，会上选举 16 岁的米哈伊尔（Михаил Фёдорович，1596—1645）当皇帝。

他主编杂志《曙光》(*Заря*)时直白表达该倾向，认为“斯拉夫派思想是一种启蒙的、理性化的爱国主义，应该说，它在我们国家永远都不会消亡，无论是在粗暴且盲目的爱国主义中，还是在毫无生气的泛宇宙主义中”(Страхов，1896：294)。与根基派类似，民粹派也旨在融合东西方精粹。民粹派强调“人民性”“到人民中去”，这些思想十分接近斯拉夫派主张，但是，民粹派的“人民”和斯拉夫派的“人民”的内涵差异很大。斯拉夫派思想体系中的人民指代俄国传统文化的坚守者，而民粹派则力主人民应该去愚去腐，推行无神论启蒙，从而导致该派内部的分裂。相对保守的左翼民粹派与斯拉夫派相同，仍然赞扬东正教。伊万诺夫-拉祖姆尼克(Иванов-Разумник Р.В.，1878—1946)在《俄国社会思潮史》(*История русской общественной мысли*，1907)中认为，基于俄国村社传统的民粹派社会运动必将克服历史上斯拉夫派和欧洲派的巨大分歧(Иванов-Разумник，1997)。除根基派和民粹派外，还有丹尼列夫斯基、列昂季耶夫(Леонтьев К.Н.，1831—1891)和索洛维约夫等部分观点和斯拉夫派相近。丹尼列夫斯基著有《俄罗斯与欧洲》，认为“斯拉夫种族发展成独特文化历史类型的时刻已经到来”(洛斯基，1999：88)。阿克萨科夫认为丹氏是斯拉夫主义者(Аксаков，1885)，而索洛维约夫却看出丹氏的“极端民族主义”倾向(Соловьев，1912：82–148)，洛斯基则界定丹氏是“泛斯拉夫主义的最典型代表”(洛斯基，1999：87–88)。在苏联时期，斯拉夫派核心思想本土性、村社性和聚合性被边缘化，但是没有完全消亡，尤其是在欧洲，该派思想被俄裔知识分子继承和发展，苏联解体后有着逐渐复兴之趋势。

3 斯拉夫派精神阐释与文学表现

早期斯拉夫派其核心思想强调本土性、村社性和聚合性，本土性是根本，村社性和聚合性是表象。

民族本土性思想是由霍米亚科夫 1839 年在讲稿《论旧与新》中提出的，该文以“旧”开篇，“据说俄国旧时代一切都更好些”，进而通过对比客观分析了俄国新旧时代之优劣。文中时代新旧的划分没有明确节点，基本以伊凡时代中央集权的建立和彼得一世改革为界，集权制度结束了古罗斯时期城市联邦的治理模式，彼得一世改革开启了俄国全面西化进程。霍米亚科夫提出，“我们应该如何思考旧罗斯？不争的事实证明，两种截然对立的观点既正确又不正确”，过度褒奖或指摘旧时代都是违反事实的。霍米亚科夫进一步指出，客观看待旧罗斯具有迫切的时代意义，“我们清楚意识到当下正是转折时期”，“未来策略完全取决我们对旧时代的认识”。按照霍米亚科夫的逻辑，如果旧时代不存在任何可取之处，那么移植异域文明无可厚非；可是，如果旧时代存在“尚未挖掘的珍宝”，就应该客观面对，仔细辨真，去粕取精。至此，霍米亚科夫正面提出对待旧罗斯应持的态度。面对新罗斯，即彼得一世机械的欧洲化策略，霍米亚科夫质疑的不是西方文明本身，而是“移植”或“接受”这一行为，霍氏提出两个问题——移植土壤异质现象和移植主体主观现象。霍米亚科夫以外来律法和本土习俗的对立关系为例，“律法和日常之间，书面规章制度和国民鲜活的习俗之间，永远存在不协调”，律法再好，但是受到习俗影响，都会或被抵制或被扭曲，“表面关系容易改变”，但是“这种改变很少触及实质”，所以霍米亚科夫否定“移植”行为，进而提出发挥旧时代精华的必要性（Хомяков，1900：11－30）。霍米亚科夫的旧罗斯态度，一方面驳斥了以恰达耶夫为首甚嚣尘上的旧时代一无是处论，另一方面直白发出宣言，“去蔽旧时代，发扬其精华”。随之，一批贵族精英出声附和，他们尊重古罗斯，尊重本土传统，并把民族文化诉求作为文学评论和文学创作的重要主题。基列耶夫斯基评论普希金，认为诗人后期描写俄罗斯性格和现实的作品成就高于早期的模仿文学（Киреевский，1979）；基列耶夫斯基评论果戈理，认为果戈理可以比肩莎士比亚，其作品充分展现了“俄罗斯人民的力量”，可以把“我们的语言”和“我们人民的生活”连接起来（Киреевский，1979：213）。小基列耶夫斯基（Киреевский П.В.，1808—1856）一生致力于收集俄罗斯民谣，他所收集的民谣其数量多达数千首；亚济科夫和丘特切夫则通过诗作颂扬罗斯土地。普希金在《奥涅金》（*Евгений Онегин*）的开篇回应恰达耶夫，用讽刺笔法表达对俄国生活充斥外国“舶来品”的焦虑，在文中穿插民间故事和多神教传说，用以表达对本土文化的敬意。

历史村社性观点的雏形出现在《论旧与新》中，后经基列耶夫斯基系统完善。霍米亚科夫认为，旧俄国“保留着许多美好的本能”，那是“平等、自由和教会的纯净”，那是“原初的纯朴的宗法制的社会构成”，那是“城邦自由”“市民大会”和“千人长”制度（Хомяков，1900：17）。霍米亚科夫所提出的伊凡时代中央集权之前的村社“原初”美好被基列耶夫斯基进一步完善。

基氏认为，旧时代村社文化是俄国和欧洲文明异质的表现，它是人类未来的希望。俄国式村社形态在欧洲历史上不曾有过，“我们可以找到很多旧俄国在社会制度方面与西方的差异，这首先就是社会构成的最小单位米尔……作为西方社会发展基础的个体性，以及社会专政，对于那时的我们知之甚少……（在古罗斯）每个人都属于米尔，米尔也属于每个人”。俄国村社的独特性源于东西方文明的异质，“俄国与西方生活本初……乍看它们之间显然是共同的——都信奉基督教”，但是其差异在于，和西方不同，俄国信奉的是东正教，所以俄国没有接受过古希腊哲学理性思辨的影响，没有经历欧洲经院哲学纯理性思维的训练，因而俄国的村社习俗强调的不是三段逻辑否定式认识观，强调的不是二元对立，而是圣三位一体原则，主张的是平等、自由和统一。基列耶夫斯基认为，理性思维主导一切的西方社会，强调个体、分裂和对立，主张城堡式社会文化，它缺乏统一；而俄国的东正教精神，其核心是有机统一，古罗斯的土地所有制特点助推这种统一精神，“西方个人权力起源的土地私有，在我们这里是属于社会的”。另外，俄国的同一教会决定了思想的统一，“构成俄国的这些无数最小单位米尔，都建有教会、修道院或苦修室，彼此联结成网，从这里传播同一种社会与个人的关系理念”，即同一教会影响下形成“同一思想、同一观点、同一愿望、同一生活方式”（Киреевский，1979：148）。关于东西方文明异质、俄国村社同一性或整体性，1852 年基列耶夫斯基在《论欧洲文明的特征及其与俄罗斯文明的关系》中再次详细论及。他认为，深受东正教影响的俄国社会其本初高于欧洲文明，但并不排斥它，而是融合它，从而赋予它更高的内涵和更大的发展；俄国社会本初的村社整体精神，终将是俄国当下和未来之宿命（Киреевский，1979）。斯拉夫派的另一位代表阿克萨科夫，毕生关注农民村社、彼得一世执政前的俄国习俗和俄国人民非国家性问题，发表过《公众与人民》（*Публика и народ*，1848）和《论斯拉夫人古老生活，以及俄罗斯人习俗、传说、信仰和民谣等》（*О древнем быте славян вообще и русских в особенности на основании обычаев, преданий, поверий и песен*，1860）。阿克萨科夫的弟弟小阿克萨科夫继承其衣钵，文学评论注重作家笔下的俄式人民、习俗文化和村社制度。他给予屠格涅夫（Тургенев И.С.，1818—1883）很高的赞誉，因为屠氏“向我们公众意识展现了俄国社会生活崭新的一面，揭露了现象和流派的深刻内涵”（Аксаков，1981：282）；他评丘特切夫多次比拟普希金，认为“天才普希金往往在人民生活中寻找题材”（Аксаков，1981：307）。此外，同时期很多作家如果戈理，甚至托尔斯泰（Толстой Л.Н.，1828—1910），都热衷描写俄国村社。

教会聚合性是霍米亚科夫思想的核心部分。霍氏认为，东正教会聚合性是欧洲其他文明无法比拟的，“欧洲有三种最强音……罗马说，‘请服从并相信我的法令’；新教说，‘你是自由的，请你为自己创建一种信仰吧’；而（东正教）教会却呼吁自己的信徒，‘让我们彼此互爱，共爱圣父圣子圣灵’”（Хомяков，1886：258），可见，罗马天主教有统一但没自由，新教有自由但没统一，只有东正教既有自由也有统一。霍氏的聚合思想基于神学研究：《尼西亚信经》第九条写道，“信仰统一的、神圣的、聚合的、使徒的教会”。霍氏的教会概念具有鲜明的乌托邦色彩：它是一个“可能的”“开明的”“凌驾于世俗之上的”，它不存在于任何时间和空间（Хомяков，1900：21），它只存在于圣书当中，世界只有一个教会（Хомяков，2004），“只有基督是它唯一的领袖，没有其他”，“其他任何的，无论是精神的还是世俗的，我们都不承认”（Хомяков，1900：34）。霍氏的教会聚合理论延续了基辅都主教伊拉里昂（Иларион）的神赐恩典而非律法的思想。神赐的教会是一个有机整体，它是基督的肉身，而基督是其头；信徒从四面八方来到教会，位于基督之身，一方面信徒之间彼此平等相互友爱，另一方面他们同信共爱基督，从而基于爱（互爱和共爱）达成自由和统一。霍氏反对西方教会的教父外在权威，批判其上下服从的教阶制度。霍氏认为，教父或教阶导致教会分裂，违背了信经的整体性原则。霍氏还认为，真理不能属于个别人，真理具有聚合性，“真理赐给所有人共同体，赐给他们在耶稣基督之中（即肉身教会，笔者注）的互爱”（Хомяков，1995：115）。“爱”是聚合性的重要因素，除此它还包括自由、真理、信仰、伦理、统一等，但爱是核心，越有爱聚合体越牢固。聚合性是霍氏在神学研究基础上总结而出的，继而进一步发展，被应用到社会领域。霍氏认为，俄国村社是该理论在历史实践中的最大原型，“村社米尔是通过村民大会采纳一致决议，村社米尔具有传统公正性，因为严格遵循习俗、良知和内心真理”，所以洛斯基评价道，“霍米亚科夫赋予了俄国农村村社米尔极高意义”（Лосский，2018：50）。陀思妥耶夫斯基深受霍氏聚合思想影响，作品中主张爱和信仰，描写苦修和顺从，探讨伦理和统一，并且提出俄国社会主义理论。当代学者叶萨乌洛夫试图从聚合性角度重构俄罗斯经典文学史。他在专著《俄国文学的聚合性问题》中指出，后苏联时期俄国文学史研究遭遇深刻危机，该危机不能通过个别修正和改善得以解决，学界必须挖掘俄国文学史新概念，当然这也不是简单地去蔽个别文学或文化事实，不是简单地填补空白，而是重新定位俄国文学或文化实质。叶萨乌洛夫认为，俄国文化突出特点即在于基督教精神和教会聚合思想，而这一特点正是俄国文学创作的主要内容（Есаулов，1995）。

4 结语

俄国 19 世纪的早期斯拉夫派思潮有进步意义。别尔嘉耶夫（Бердяев Н.А.，1874—1948）认为，该思潮体现了俄国“自我意识的第一次尝试，是我们第一个独立的思想形态……俄罗斯存在一千年，但其自我意识却开始于基列耶夫斯基和霍米亚科夫的大胆学说，他们提出何为俄罗斯，其民族实质何在，其世界使命和地位等问题”（Бердяев，2007：229）。但是，该思潮也有局限，它具有明显的理想化乌托邦色彩，洛特曼认为，“就其本质而言，经典斯拉夫派是欧洲浪漫主义流派之一，它产生于‘寻找自我’的激情”（Лотман，1997：169）。俄国早期斯拉夫派思想对于当下的中国学界具有一定的文明互鉴意义，斯拉夫派批判欧洲理性主义，这为中国学界的西方现代性反思提供了经验；斯拉夫派反对机械效仿异域文明，这与中国学界对待“拿来主义”的否定态度形成对照。

参考文献

Аксаков И.С. 1885. “Некролог Н.Я. Данилевского” [N]. *Русь*, 1885, № 20, 16 нояб., с. 5.

Аксаков И.С. 1886. *Сочинения И.С. Аксакова 1860-1886* (Т. 4) [M]. Изд. Тип. М.Г. Волчанинова.

Аксаков И.С. 1981. *Литературная критика* [M]. изд. Современник.

Аксаков К.С. 1978. О современном состоянии литературы. Письмо первое. Литература предыдущей эпохи. [M]// Под ред. В. В. Гура. *Проблемы реализма*. Вологда: Изд. гос. пед. ин-т, вып. V.

Антонович М.А. 1861. О почве [J] *Современник* (12): 151-189.

Бердяев Н. 2007. *Константин Леонтьев: очерк из истории русской религиозной мысли. Алексей Степанович Хомяков* [M]. АСТ: Хранитель.

Дементьев А.Г. 1951. *Очерки по истории русской журналистики. 1840-1850 гг* [M], Гос. изд-во художественной литературы.

Достоевский Ф.М. 1862. "Два лагеря теоретиков: По поводу «Дня» и кой-чего другого" [J]. *Время* (2): 141-148.

Достоевский Ф.М. 1983. *Полн. собр. соч. в. 30 тт* (Т. 25) [M]. Ленинград: Наука. Ленингр. отд-ние.

Есаулов И.А. 1995. *Категория соборности в русской литературе* [M]. изд.: Петрозавод. ун-та.

Иванов-Разумник Р.В. 1997. *История русской общественной мысли в 3 тт* [M]. Республика; ТЕРРА.

Кавелин К.Д. 1899. Московские славянофилы сороковых годов [M]// *Собр. соч. т. 3: Наука, философия и литература*. изд.: Типография М.М. Стасюлкеича.

Киреевский И.В. 1979. *Критика и эстетика* [M]. М.: Искусство.

Лебедев Ю.В. 2007. *История русской литературы XIX века. в 3 ч.* (ч. 1) [M]. изд. Просвещение.

Ломоносов М.В. 1952. *Полн. собр. соч* (Т. 6) [M]. изд-во Акад. наук СССР.

Лосский Н.О. 2018. *История русской философии* [M]. Азбука-Аттикус.

Лотман Ю.М. 1997. "Современность между востоком и западом" [J]. *Знамя*(9): 157-169.

Пушкин А.С. 1949. *Полн. собр. соч. в 16 тт* (Т. 16) [M]. изд-во акад. наук СССР.

Розанов В.В. 1997. *Когда начальство ушло...* [M]. М.: Республика.

Розанов В.В. 2000. Забытые и ныне оправданные (Поминки по славянофилам) [M]// под общ. ред. А.Н. Николюкина. *Собрание сочинений. Последние листья.*, М.: Республика: 269-281.

Розанов В.В. 2008. П.А. Флоренский об А.С. Хомякове [M]// под общ. ред. А.Н. Николюкина. *Собрание сочинений. В чаду войны*, М.: Республика: 403-413.

Российская А.Н. Ин-т русской литературы (Пушкинский дом), 1994. Отв. ред. Б.Ф. Егоров и др. *Славянофильство и современность* [M]. Санкт-Петербург: Наука.

Соловьев Вл. 1912. Россия и Европа. 1888 [М]// *Собрание сочинение*, М.: Просвещение: 82-148.

Страхов Н.Н. 1896. *Борьба с Западом в нашей литературе* (Т. 3) [М]. изд. Тип. С. Добродеева.

Страхов Н.Н. 1894. Легенда о великом инквизиторе Ф.М. До стоевского. Опыт критического комментария В. Розанова [N]. Новое время, 1894, 25 ноября, с. 16.

Страхов Н.Н. 1902. *Критические статьи (1861-1894)* (Т. 2) [М]. изд. И.П. Матченко.

Страхов Н.Н. 1990. Воспоминания о Федоре Михайловиче Достоевском [М]//Под общ. ред. В.В.Григоренко и др. *Достоевский Ф.М. в воспоминаниях современников в двух томах.* Изд. Художественная литература: 375-533.

Сухов А.Д. 2001. Славянофильство [М]// Под ред. В.С. Стёпина. *Новая философская энциклопедия: в 4 тт* (т. 3). М.: Мысль: 564-566.

Тредиаковский В.К. 1849. *Сочинения Тредьяковского: в 3 тт* (Т. 3) [М]. Санкт-Петербург: А. Смирдин.

Фатеев В.А. 2009. В спорах о самобытном пути России [М]// Сост., вступ. ст., коммент., библиогр. В. А. Фатеева. *Славянофильство: pro et contra*. Санкт-Петербург: изд. РХГА: 7-57.

Хомяков А.С. 1886. *Полное собрание сочинений Алексея Степановича Хомякова* (Т. 2) [М]. изд.: Тип. Лебедева.

Хомяков А.С. 1900. О старом и новом [М]// *Полное собрание сочинений Алексея Степановича Хомякова в 8 тт* (т. 3)., изд.: Университетская типография: 11-30.

Хомяков А.С. 1988. *О старом и новом* [М]. М.: изд. Современник.

Хомяков А.С. 1995. Несколько слов о западных вероисповеданиях по поводу одного послания парижского архиепископа [М]// *Сочинения богословские*, изд. Наука: 107-163.

Хомяков А.С. 2004. *Церковь одна* [М]. изд. ИХТИОС.

Чаадаев П.Я. 1991. Философические письма (1829-1830): Письмо первое [М]// Отв. ред. и авт. вступ. ст. З.А. Каменский. *Полное собрание сочинений и избранные письма* (Т. 1). М.: Наука: 320-339.

别林斯基，1999. 一八四六年俄国文学一瞥 [M]// 满涛，辛未艾，译 . 别林斯基文学

论文选 . 上海：上海译文出版社：491–550.
赫尔岑，2018. 往事与随想（中）[M]. 项星耀，译 . 成都：四川人民出版社 .
霍米亚科夫，2013. 论旧与新 [M]// 徐凤林，编 . 贾泽林，译 . 俄国哲学 . 北京：商务印书馆：92–113.
津科夫斯基，2013. 俄国哲学史：第 1 卷 [M]. 张冰，译 . 北京：人民出版社 .
洛斯基，1999. 俄国哲学史 [M]. 贾泽林，等译 . 杭州：浙江人民出版社 .
恰达耶夫，1999. 哲学书简（第一封）[M]// 徐凤林，编 . 刘超，译 . 俄国哲学 . 北京：商务印书馆：48–71.
王钺，1994. 往年纪事译注 [M]. 兰州：甘肃民族出版社 .
徐凤林，1999. 中译本前言 [M]// 洛斯基，著 . 贾泽林，等译 . 俄国哲学史 . 杭州：浙江人民出版社：1–8.

作者简介

陈辉，博士，广东外语外贸大学西方语言文化学院教授。研究方向：俄苏文学。电子邮箱：1007686179@qq.com

《疯狂的罗兰》中的"月亮峡谷"

田众非

摘要：在《疯狂的罗兰》中，诗人阿里奥斯托通过其自身丰富的想象力，创造了许多为人所熟知的片段。第 34 歌中的"月亮峡谷"片段便是其中之一。由于意象的相似性，研究者往往会将其与阿尔贝蒂的一篇关于梦中国度的故事相关联；同时，由于其内容与思想方面的相似性，也有学者将其与阿里奥斯托《讽刺诗集》的第三首讽刺诗相提并论。本文旨在分析这一片段与阿尔贝蒂作品以及阿里奥斯托第三首讽刺诗之间的关联，探讨阿里奥斯托借助这一片段为月亮意象赋予的象征含义；并以此为基础，结合整部《疯狂的罗兰》中的相关内容，对"月亮峡谷"片段的核心元素"理智"的本质进行初步推断。

关键词：《疯狂的罗兰》；阿里奥斯托；"月亮峡谷"片段

《疯狂的罗兰》是意大利诗人阿里奥斯托（Ludovico Ariosto）于 16 世纪初创作的八行体叙事长诗。在这部长达三万八千余行、堪称意大利文艺复兴盛期文学创作巅峰的作品中，诗人以其丰富的想象力，创作出了许许多多天马行空、引人入胜的故事，而从第 34 歌 68 节开始的阿托夫（Astolfo）登月便是其中最为脍炙人口的片段之一。在这一片段中，英格兰公爵阿托夫在圣约翰（San Giovanni）的引导下，乘坐《圣经》中先知以利亚（Elia）升天时的"火车火马"登上了月亮，以便找回查理曼（Carlo Magno）麾下第一骑士罗兰（Orlando）失去的理智。在著名评论家切萨雷·塞格雷（Cesare Segre）看来，34 歌最后的这段登月的内容是"整部作品中最具有阿里奥斯托风格的诗节之一"①（Dell'Aia，2013：242）。而在这趟登月之旅中，位于 34 歌 73—87 节的"月亮峡谷"片段占据着非常重要的地位，因此本文仅就这一片段展开论述。

① "tra le più ariostesche del poema".

在较早期的关于《疯狂的罗兰》的研究中，“月亮峡谷”片段似乎并未得到研究者的重视。例如，19世纪《疯狂的罗兰》重要的研究学者拉伊那（Pio Rajna），在他的《〈疯狂的罗兰〉用典考》（*Le fonti dell'* Orlando furioso）中，只是提到阿里奥斯托在这里使用了一些兼具形象描绘与讽刺作用的象征符号（Rajna，1876）。直到20世纪中叶，塞格雷与加林（Eugenio Garin）等研究者才提出，“月亮峡谷”片段受到了阿尔贝蒂（Leon Battista Alberti）作品的影响（Dell'Aia，2013）；塞格雷还以动词“perdere”（失去 / 失败）的详细词义分析为基础，分析了“月亮峡谷”片段中涉及的人类活动以及地月之间的关系（Dell'Aia，2013）；此外，他还提出了“理智”（senno）这一概念在整个阿托夫登月之旅中的核心地位（Bologna，1993），但似乎并未对“理智”这一概念的核心进行过多阐述。自塞格雷之后，尽管近年来不断有学者进一步挖掘“月亮峡谷”片段与其他作者之间的联系。例如，安可内塔尼（Raffaella Anconetani）曾分析这一片段与伊拉斯谟（Erasmo）的《愚人颂》（*Elogio della follia*）之间的联系（Cascitelli，2015），德拉亚（Lucia Dell'Aia）也曾撰文指出，这一片段反映出阿里奥斯托的创作受到了普鲁塔克（Plutarco）和新柏拉图主义的影响（Dell'Aia，2013），但塞格雷提出的将“月亮峡谷”片段与阿尔贝蒂作品联系在一起、“理智”在这一片段中占中心地位以及将“perdere”作为理解“月亮峡谷”片段地月关系的核心动词的观点依然可以被认为是“月亮峡谷”片段分析方面的主要观点之一。同时，由于意象的相似性，有学者会将以这一片段为核心的《疯狂的罗兰》当中的月亮形象与阿里奥斯托自己创作的《讽刺诗集》（*Satire*）第三首中关于月亮的著名寓言故事联系起来。例如，在博洛尼亚（Corrado Bologna）等编著的文学教材“鲜艳而芬芳的玫瑰”中第二册《人文主义、文艺复兴与风格主义》（*Rosa Fresca Aulentissima: 2. Umanesimo, Rinascimento e Manierismo*）中，就着重提出阿里奥斯托在第三首讽刺诗中又一次使用到了与《疯狂的罗兰》相同的“关于月亮的想象”[①]（Bologna & Rocchi，2010：432）。因此，本文旨在以前述研究，尤其是以塞格雷关于“月亮峡谷”片段的相关论述为基础，结合被认为与此片段相关的阿尔贝蒂相关作品和阿里奥斯托的第三首讽刺诗，尝试分析阿里奥斯托借助“月亮峡谷”片段

① “fantasia lunare”.

为月亮赋予的象征意义，并在此之上对位于该片段核心的“理智”概念进行更进一步的探析。

1 “月亮峡谷”与阿尔贝蒂

“月亮峡谷”在整个阿托夫登月之旅中之所以重要，是因为这里就是阿托夫此行的主要目的地。阿里奥斯托在73节甫一开始便写道：“公爵爷登上了月亮之天，来此处并非为悠闲参观，圣使徒引导他入一峡谷，峡谷的两侧是巍峨高山”（阿里奥斯托，2017：1391）。在这个峡谷之中汇聚着人们在人世间遗失的种种事物。人们遗失这些事物的原因为“o per nostro difetto, / o per colpa di tempo o di Fortuna”（Ariosto，2015：1042），如严格按照原文直译，即“或者由于我们的缺陷与不足，或者出于时间或机运之神（Fortuna）的过错”。之后，阿里奥斯托便开始介绍月亮峡谷中堆积的事物：一开始诗人提到了一些没有具体形体的东西，包括名声、“那（儿）还有无数的罪恶人类，向天主做出的许诺、誓言”以及“恋爱者叹息与悲伤泪水，娱乐中耗费的宝贵时间，一个个未实现空洞计划，愚昧者长时间闲逸、懒散，有许多无用的妄想、欲望，占据了峡谷的大片地面”（阿里奥斯托，2017：1392）；然后，诗人利用比喻的手法，为人世间遗失掉的很多东西赋予了具体的形象，其中包括古代王冠（装在囊泡中，76节）、送给主君的献媚礼物（化作金银钓钩，77节）、谄媚之言（化作带有圈套的花环，77节）、赞美主君的诗句（化作唱裂的蝉，77节）、不幸的爱情（化作黄金树瘤与装饰有宝石的树桩，78节）、主君向臣属施展的权威（化作雄鹰利爪，78节）、主君赐予臣属的难以持久的荣誉与恩典（化作鼓起的风箱，78节）、被违背的条约与被揭穿的阴谋（化作散落着大量财宝的城市与城堡废墟，79节）、伪造钱币者与窃贼的行为（化作长着少女面容的蛇，79节）、被抛弃的廷臣（化作各类破酒瓶，79节）、为避免死后受罚而做出的施舍（化作倾洒在地上的蔬菜汤，80节）、“君士坦丁的献礼”（化作过去芳香、如今却发臭的各类花朵，80节）以及女人的迷人容颜（化作粘鸟胶带，81节）。接下来诗人宣称，就算再写下数千行，也无法将峡谷中的事物全部列举出来，而唯一不存在于月亮峡谷之中的是疯狂。接着公爵在圣约翰的带领之下来到了堆积如山的理智之前。诗人说：这是世人觉得自己不曾缺乏，也从未向天主许愿重新获得的东西；

而在月亮上，理智化成烈酒一般的液体，装在细颈瓶内，其中最大的一个瓶子，装的正是罗兰的理智。除此以外，阿托夫还在这里找到了自己丧失掉的理智，以及世界上很多貌似拥有理智的人实际失去的理智。圣约翰允许阿托夫取回装着自己理智的瓶子，打开瓶塞，将瓶口对准自己的鼻子，理智便从此回到了阿托夫的头脑之中。之后，阿托夫取回装着罗兰理智的瓶子，顺利达成此行目的，在第 87 节与圣约翰离开了月亮峡谷。

关于阿里奥斯托在这一片段创作过程中的灵感来源以及参考范例，塞格雷认为其在创作过程中模仿了阿尔贝蒂的作品《席间谈话》(*Intercenalis*) 中的《睡梦篇》(*Somnus*)。

阿尔贝蒂创作的《睡梦篇》是一则对话体短篇小故事。这则故事的主人公名叫利布里佩达（Libripeta）。他自称由于“目睹着我们这个时代充斥着许许多多愚蠢之人”[①] 而心生厌恶之情，希望前往梦中国度，因此向一位“精通魔法的神甫”[②] 求助，得以神志清醒地进入梦中国度游历，最后却落入一条臭水沟中。他爬出来后遇到了另一个人物雷必多（Lepido），并向他讲述了自己的所见所闻（Garin，1990）。在讲述梦中国度的部分，利布里佩达提到了“保存着失去之物的峡谷”[③]（Garin，1990：194）。尽管主人公甫一进入峡谷便遇到了因为爱情而失去的部分头脑——在这一点上和《疯狂的罗兰》中的安排有所不同，但峡谷当中的很多元素，如变成了巨大囊泡的异教帝国、化作金银钓钩的恩惠等，阿里奥斯托几乎原封不动地将其搬到了自己的“月亮峡谷”之中。尤其是在《睡梦篇》中，主人公和阿里奥斯托同样宣称：“在那里可以找到一切事物，除了疯狂”[④]（Garin，1990：195）。由此可见，《疯狂的罗兰》中的“月亮峡谷”片段与阿尔贝蒂的这一篇故事在内容上具有极大的相似性。此外，根据塞格雷等学者的考证，阿尔贝蒂本身便认识费拉拉（Ferrara）统治者埃斯特（Este）家族的成员，还为费拉拉大教堂设计了钟楼，并且他是在距离费拉拉不远的博洛尼亚（Bologna）创作的《席间谈话》(Dell'Aia，2013)，因此成长于费拉拉并终身服侍埃斯特家族宫廷的阿里奥斯托很有可能读过阿尔贝蒂的这篇作品，并在此原

① “Vedendo il diluvio di stupidi di cui abbonda questo nostro tempo”.

② “un prete esperto di magia”.

③ “valli in cui si conservano le cose perdute”.

④ “tutto ci troverai, fuorché la follia”.

型的基础之上进一步加工，最终创造出了属于他自己的“月亮峡谷”。

2 “月亮峡谷”、第三首讽刺诗与阿里奥斯托的月亮意象

尽管可以认为“月亮峡谷”片段的创作灵感来源于阿尔贝蒂的作品，但是阿里奥斯托将原作中位于梦中国度的山谷挪到了月亮之上。关于其原因，尚未能发现这一片段与阿尔贝蒂作品之间关联的拉伊那指出，阿里奥斯托在这一片段中“从一些哲学家的思想出发，希望让属于地上世界的一切都在天上有所对应，通过描绘天上的事物反映地上世界的事情”[①]，以求通过这种“象征性的反映”[②]，使用隐喻的方式来揭示地上世界事情的“本质与内在价值”[③]（Rajna, 1876: 475）。但除此之外，笔者认为，阿里奥斯托之所以将峡谷移动到月亮之上，也有可能是打算借助这一片段，为月亮这一意象赋予更多的象征含义。这一猜测的根据便是前文提到的、位于《讽刺诗集》第三首208—231行之中的关于月亮的著名寓言。在这首讽刺诗中，阿里奥斯托首先表明自己淡泊名利，不愿意费力谋求高官厚禄，然后开始讲述这个寓言故事：在世界刚刚诞生、人们还不像现在这样狡诈的时候，有一个住在山谷谷底的部族，他们觉得只要爬上山峰，便可以触碰到天，又被随着时节变化的月相吸引，所有人便开始争先恐后地向上攀爬，以求登上月亮，亲眼见证月亮的盈亏。率先爬上山峰的人，看到自己无论如何也无法继续登上月亮，绝望地摔倒下去；而仍然在山脚下的人们，却误以为这些先驱者已经触碰到了月亮，便仍然和之前一样拼命向上爬。在最后的229—231行，阿里奥斯托评价道：“Questo monte è la ruota di Fortuna, / Ne la cui cima il volgo ignaro pensa, / Ch’ogni quíete sia, nè ve n’è alcuna”[④]（Ariosto, 1809: 34）。从这首讽刺诗的开头三行“Poi, che Annibal intendere vuoi, come / La fo col Duca Alfonso, e s’io mi sento / Più grave, o men, de le mutate some”（Ariosto，1809: 25）[⑤]可知，这首诗创作于阿里奥斯托离开伊波利托·德·埃斯特（Ippolito

① “Partendo dall’immaginazione di certi filosofi, che tutto quanto avviene sulla terra abbia una corrispondenza nel cielo”.

② “riflesso simbolico”.

③ “la natura e il valore intrinseco”.

④ “这座山便是那命运之轮，无知者误以为到那山顶，便可以遂心愿，实则不行”。

⑤ “因为你汉尼拔想要知晓，我在那阿方索公爵麾下，新负担更沉重，还是更轻”。

d'Este）主教、进入费拉拉公爵阿方索一世（Alfonso I d'Este）麾下服务之后，即《疯狂的罗兰》初稿完成的1516年之后不久，因此，博洛尼亚等学者认为阿里奥斯托在这首讽刺诗中，使用了与《疯狂的罗兰》中相同的“关于月亮的想象”的观点（Bologna & Rocchi，2010：432），是很有可能成立的。

果真如此的话，另一个问题就自然而然地浮现出来：月亮这个意象能够在之后创作的第三首讽刺诗中再次登场，是否因为其本身被阿里奥斯托赋予了某种象征意义？为回答这一问题，便需要对“月亮峡谷”片段中的一个重要动词的词义进行分析。这一动词便是前述塞格雷着重提出的“perdere”。

如前所述，在“月亮峡谷”这一片段开始的第34歌73节最后，诗人在描述“月亮峡谷”时说道：“ciò che si **perde** o per nostro diffetto, / o per colpa di tempo o di Fortuna: / ciò che si **perde** qui, là si raguna”[①]（Ariosto，2015：1042）；接下来，在75节最后，阿里奥斯托几乎是把前面那句话又重复了一遍，然后说道：“ciò che in somma qua giú **perdesti** mai, / là su salendo ritrovar potrai”[②]（Ariosto，2015：1042）。诗人通过这些诗句，对地上世界之事物与“月亮峡谷”中的事物之间的关系进行了阐述，而在这些诗句中反复出现了动词“perdere”，因此可以认为这一动词对于阐述《疯狂的罗兰》中的“地月关系”来说非常重要。关于“perdere”一词的词义，塞格雷根据这一片段的内容，将这一动词的具体词义划分成了四类：（1）“停止拥有”，如财富；（2）“没有产生结果，或产生不稳定的结果”，如眼泪、叹息、不幸的爱情、未实现的空洞计划、无用的妄想与欲望、献给掌权者的礼物与诗歌、奉承拍马、被违背的条约（包括“君士坦丁的赠礼”）、被揭穿的阴谋、窃贼；（3）“浪费”，如愚昧者长时间闲逸、懒散；（4）“停止存在、耗尽”，如王国以及迷人容颜（Dell'Aia，2013：244）。[③]但考虑到在这一片段中，阿里奥斯托事实上并没有非常详细地区分“perdere”一词在词义上的细微差别，

① “我们曾丢失过许多东西，因不慎，运不佳，错过时间”。（阿里奥斯托，2017：1391）

② “你在那下界处丢失之物，登天后全展现你的眼前”。（阿里奥斯托，2017：1392）

③ “I) ciò che si cessa di avere, come ad esempio succede per le ricchezze; II) ciò che si produce senza risultato o con risultati precari, ed è il caso dell'accumulo sulla luna di lacrime, sospiri, amori non ricambiati, progetti e desideri vani, doni e poesie per i potenti, adulazioni, trattati (come la donazione di Costantino), complotti, furti; III) ciò che si spreca, come avviene per il tempo dedicato al gioco e all'ozio; IV) ciò che cessa di esistere, ciò che si esaurisce, come ad esempio succede per i regni o per la bellezza”.

而仅仅是比较笼统地使用了这个动词来指涉一切最终归于“月亮峡谷”的事物；并且，从语言学的角度上看，人们在词义的记忆与理解方面，似乎不会把每一个词的种种细节特性区分得非常清楚，而往往只是抓住其关键核心语义特性作为该单词语义的充分必要特性（Berruto & Cerruti，2017），因此，笔者认为可以将塞格雷提出的四类语义进行化约，以求抓住阿里奥斯托在使用这一单词时所想要表达的主要语义。从上面提出的四个词义的本质来看，“停止拥有”“浪费”与“停止存在、耗尽”似乎可以简化为“失去”，毕竟这三种情况下的东西都是“失去”了原本所拥有的东西；而“没有产生结果，或产生不稳定的结果”则可定义为“失败”，毕竟从结果论的角度出发，类似的情况被称之为“失败”无可厚非。此外，如果考察这个动词在整个《疯狂的罗兰》中的使用情况，则可以看到“失去”和“失败”两种含义阿里奥斯托都有所使用：“perdere”表“失去”义的情况较为多见，例如，在第1歌43节，阿里奥斯托将少女与玫瑰花作比，说玫瑰：“Ma non sí tosto dal materno stelo / rimossa viene e dal suo ceppo verde, / che quanto avea dagli uomini e dal cielo / favor, grazia e bellezza, tutto **perde**”[①]（Ariosto，2015：15），从上下文便可知，这里的“perdere”主要表达的便是“失去”含义；而例如在第35歌女骑士布拉达曼（Bradamante）挑战罗多蒙（Rodomonte）的情节中，布拉达曼说如果自己能够击败罗多蒙，罗多蒙就要释放之前被他俘虏的所有骑士，在45节中罗多蒙回应说：“farò che saran tutti liberati / in tanto tempo quanto si richiede / di dare a un messo ch'in fretta si mandi / a far quel che, s'io **perdo**, mi commandi”[②]（Ariosto，2015：1060），既然上下文涉及了骑士之间的决斗，这里的“perdere”肯定是表达“失败”的含义。

那么，“月亮峡谷”片段中的关键动词“perdere”意为“失去”/“失败”，与第三首讽刺诗中的这则寓言之间有什么样的关系呢？第三首讽刺诗中的寓言，毫无疑问是一则讲述人类奋斗失败、最终失去希望的悲剧故事：毕竟，就算人类奋力登上了这世上最高的山峰，也还是无法从山顶直接触碰到月亮的。既然如此，是否可以假定，正是由于月亮先前被阿里奥斯托主观赋予了“失

① “一时间被摘下绿色花茎，离开了母亲怀无人照看，没有了天与人青睐关怀，一切美皆丧失，丽质不见”。（阿里奥斯托，2017：18）

② “就一定将所有囚徒释放，何时放全由你做出决断；若我败你可以命我派人，去非洲把释放命令速传”。（阿里奥斯托，2017：1417）

去”/“失败”的象征含义，他在创作第三首讽刺诗的寓言故事时才仍然选择月亮作为人类“失去”/“失败”的象征？而且，如果联想到诗人在《疯狂的罗兰》第34歌73节提到的人类“失去”/“失败”的原因，即人本身的缺陷与不足，以及时间与机运之神的过错，便可以发现，这三个要素事实上都出现在了这则寓言故事中：按照第三首讽刺诗208—210行的说法，“Nel tempo, ch’era nuovo il mondo ancora; / E che inesperta era la gente prima; / E non eran l’astuzie, che son ora”①（Ariosto，1809：33），先民们缺乏经验，能力不足，不够精明狡诈，以至于做出失败尝试，其直接原因正是整个世界尚且处在初生之时，而且在这几行里，诗人明确地使用了“tempo”（时间）一词；而人类贪心地想要触碰到月亮、无视先驱者的情况而盲目地竞相攀登，尤其是222行“Ingordi tutti a gara di tenerla”②（Ariosto，1809：33），直接点出了人类的贪婪这一缺陷与不足，这也正是这场失败尝试的根本原因；至于机运之神，阿里奥斯托在229行直接点明“Questo monte è la ruota di Fortuna”③（Ariosto，1809：34），因此她也作为意象在这则寓言故事中登场。由此观之，《疯狂的罗兰》中的“月亮峡谷”片段应该对阿里奥斯托在第三首讽刺诗中选择月亮作为意象创作寓言产生了相当大的影响，在阿里奥斯托的笔下，月亮很可能就代表着人类的“失去”与“失败”。

那么人类“失去”/“失败”的究竟是什么呢？在第三首讽刺诗中，阿里奥斯托一方面表达了自己淡泊名利、追求安静生活的渴望，但同时也讽刺、批判了当时的廷臣汲汲于富贵的贪婪想法以及他们做出的种种恶行，并通过这则寓言故事展示了他们所追求的功名利禄是何等虚妄。至于《疯狂的罗兰》中的“月亮峡谷”片段，只需要回顾一下前面提到的、存放在“月亮峡谷”中的事物便可发现，它们几乎全部与当时的宫廷生活有关——如果考虑到阿里奥斯托曾有机会服侍教皇利奥十世（Leone X），“君士坦丁的献礼”也可以被视为与宫廷有关——而且其中不乏贪婪的廷臣作出的卑劣行径（谄媚、阴谋、偷窃、伪造钱币等）以及主君展示出的权势、恩惠、懒散与虚伪等内容。然而，无论是爱情、谄媚、阴谋条约、临终施舍还是空洞的许诺，种种计划与欲望终将失败；恩惠与权势，哪怕是76节提到的吕底亚、亚述、波斯、希腊等古代大国的滔天

① “在这个世界的初生时代，先民们没经验，能力不足，也不似现代人精明狡诈”。

② “贪婪地竞相去抓住月亮”。

③ “这座山便是那命运之轮”。

权势，以及懒散与娱乐的时间也终将失去，一切都将成为虚妄，归于“月亮山谷”之中。从这一角度上看，阿里奥斯托在《疯狂的罗兰》“月亮峡谷”片段中通过“隐喻”的方式流露出的想法与其在之后第三首讽刺诗中，尤其是在寓言故事片段中展露出的思想也是具有高度相似性的，即人们（尤其是当时的廷臣们）在世间追求之物终将失去或失败。而这种虚妄的追求，及其最终的“失去”与“失败”，或许正是阿里奥斯托借助“月亮峡谷”片段为月亮赋予的主观象征含义。

3 “月亮峡谷”片段的核心概念：“理智”

人为什么会执着于这些终将“失去”或“失败”的事物呢？在阿托夫听圣约翰讲解完保存于“月亮峡谷”中的种种事物之后，他们来到了堆积如山的理智之前。在解释人失去理智之后的表现时，诗人在 85 节写道：

Altri in amar lo perde, altri in onori,	有人为爱或名丧失理智，
altri in cercar, scorrendo il mar, richezze;	有人为寻财富跨越海面，
altri ne le speranze de' signori,	有人对权贵们寄予希望，
altri dietro alle magiche sciocchezze;	有人为神奇事奔忙不断，
altri in gemme, altri in opre di pittori,	有人为珠宝或绘画作品，
et altri in altro che piú d'altro aprezze.	有人却失理智只为寻欢。
Di sofisti e d'astrologhi raccolto,	诡辩家、占星者、诗人理智，
e di poeti ancor ve n'era molto.	在那里聚成堆，随处可见。
（Ariosto，2015：1045）	（阿里奥斯托，2017：1396）

在这一节中再一次出现了一些前面已经提到过的、人们在尘世之中已经失去的事物，如爱情、名望、权贵支持等；同时，由于阿里奥斯托在 81 节承认自己没有办法完全将“月亮峡谷”中存在的事物全部列举出来，因此 85 节中出现的那些前文中没有出现过的新事物，如魔法、珠宝、绘画等，很可能是为了扩展、补充保存于“月亮峡谷”之中的内容。如前所述，阿里奥斯托通过“月亮峡谷”片段，旨在为月亮赋予“虚妄的追求，及其最终的‘失去’/‘失败’”

这样的象征意义，这种象征意义甚至影响了他第三首讽刺诗寓言的创作。那么，上述这些也都是人们执着追求，但最终要么“失去”要么“失败”，归于月亮之上的事物。而人们执着于此类事物，并最终“失去”/“失败”的原因，阿里奥斯托在84节后半部分已经提及：“他以为那些人不缺头脑，从来未将理智丢失半点，但如今却表明他们少智，因大部已飘上月亮之天”（阿里奥斯托，2017：1396）。因此，笔者认为，这几句诗揭示了阿里奥斯托为月亮赋予的象征意义的本质，即“失去理智”；并且，正如塞格雷所认为（Bologna，1993：126–127），“理智”是阿里奥斯托笔下的“月亮峡谷”片段，乃至他的整个月亮意象的核心概念。

在“月亮峡谷”片段中，阿里奥斯托是在82节初次提到“理智”的：“随后见人人觉不缺之物，无一人为获它向主许愿”（阿里奥斯托，2017：1395）。人们失去了理智，自己却浑然不觉，可能正因如此，81节最后才会“但疯狂留尘世不肯离去，天国中半点也难以看见”（阿里奥斯托，2017：1395），即留在尘世当中的只剩疯狂这一事实才得到了合理的解释。

留在尘世当中的只剩疯狂，这一说法会使人不禁联想到前文提到的阿尔贝蒂的作品《睡梦篇》。但是阿里奥斯托写出这样的话语，其目的很可能不仅仅在于想要模仿阿尔贝蒂。相比于前面的部分，81、82两节在语法上有一个重要的不同点：前面叙述阿托夫在“月亮峡谷”中的所见所闻时，主要使用的是第三人称；而在第一次涉及疯狂与理智的这两节中，则大量出现了第一、第二人称的说法。例如，在81节2行，在论及粘鸟胶带的本质时，阿里奥斯托非常突兀地使用称呼格与第二人称，说了一句“ch’erano, **o donne**, le bellezze **vostre**”[①]（Ariosto，2015：1044）；接下来，在论及疯狂之前的四行中，诗人则大量使用了现在时第一人称形式的动词及表示第一人称的代词、物主形容词：“Lungo sarà, se tutte in verso **ordisco** / le cose che gli fur quivi dimostre; / che dopo mille e mille **io** non **finisco**, / e vi son tutte l’occurrenzie **nostre**”[②]（Ariosto，2015：1044）；而在82节5—7行说到理智的时候，阿里奥斯托也是使用了同样的人称：“Poi giunse a quel che par sí averlo a **nui**, / che mai per esso a Dio voti non fêrse; **io dico** il

① “女人啊，那可是你们的迷人美艳”。（阿里奥斯托，2017：1395）

② “若列全峡谷中所见之物，须执笔写很长一段诗篇，千百段诗句后仍难结束：所需物在那里样样齐全”。（阿里奥斯托，2017：1395）

senno...”[①]（Ariosto，2015：1044）。虽说阿里奥斯托在《疯狂的罗兰》中经常以第一人称形式出现在诗句中并表达自己的观点，但这两节中如此突兀的人称变换，使人不禁感到，尽管整部作品是以查理曼时代的宗教战争为背景，但是在这两节中提到的这个疯狂遍地、理智匮乏的世界，事实上指的是阿里奥斯托自己生活于其中的那个世界。毕竟，阿里奥斯托在《疯狂的罗兰》开篇第 1 歌 2 节，说罢罗兰因为爱情而失去理智之后，也说：“se da colei che tal quasi m'ha fatto”[②]（Ariosto,2015：3），即自己也曾为一女子几乎陷入失去理智的状态；而除自己以外的其他人，阿里奥斯托则很可能通过在 85 节不断重复“altri”这个词的方式进行了表述。一方面，考虑到这一节与“altri”搭配的动词“perde”（失去）以及“aprezze”（赞赏）为第三人称单数形式，这一节的“altri”似乎应按照单数含义“有的人”或“另一个人”理解；另一方面，无论出于何种原因，在“altri”一词出现的前六行中，能够体现出该词为单数形式的动词只出现了两次，而在这六行中使用的其他名词几乎都采用了复数形式，并且在最后两行中出现的指涉职业的名词“sofisti”（诡辩家，7 行）、“astrologhi”（占星师，7 行）与“poeti”（诗人，8 行）也全部使用了复数形式。这样的安排使人不免觉得，无论出于何种目的，阿里奥斯托似乎更加想同时利用“altri”一词作为泛指代词“altro”（其他人）复数形式的词义，即用这一单词指称除自己以外的“其他人们”；更何况，即便“altri”采取的是单数含义，诗人在此处刻意安排的大量重复，似乎也是在强调这一以复数形式呈现的代词本身所具有的复数含义。因此，通过这几节的诗文，读者似乎能够看到一个颇有些愤世嫉俗的阿里奥斯托的形象：他不堪继续躲藏在“月亮峡谷”这一片段的两位主角阿托夫与圣约翰的身后，于是主动跳到读者面前，直接以第一人称指责自己生活于其中的时代是缺乏理智、遍地疯狂的时代，抨击同时代的其他人一个一个都失掉了理智，尽管他自己实际上也未能幸免。

如果说世间的人们都已经失去了理智，自己却浑然不知的话，那么，接下来需要探讨的问题便是，人们失去的这“理智”，其本质究竟是什么东西？按照

① “随后见人人觉不缺之物，无一人为获它向主许愿；我说的是人的重要理智”。（阿里奥斯托，2017：1395）

② “曾有女亦使我神情迷乱”。（阿里奥斯托，2017：2）

塞格雷的说法，理智是“规范人的事务，将人的事务引向好结果的能力”① 的道德准则（Bologna，1993：126－127）。不过，从“理智”一词在整部《疯狂的罗兰》中的具体应用及其产生的效果来看，似乎还可以得出一些与塞格雷的观点相左的结论。

在“月亮峡谷”这一片段中出现的“理智”，其意大利语词为“senno”。如果对《疯狂的罗兰》整个文本进行检索，可以发现这一单词在整部作品中一共出现了 32 次②。在这一单词的实际应用方面，除了作为一种美德被诗人提起之外，它往往还与作品中出现的具体人物相关联。在《疯狂的罗兰》中，除了“月亮峡谷”片段的两位主人公以外，在自己的故事中出现了“senno”一词的还包括罗兰③、里纳多（Rinaldo）④、鲁杰罗（Ruggiero）⑤、玛菲萨（Marfisa）⑥、奥多里（Odorico）⑦、布兰迪（Brandimarte）⑧ 以及杜多内（Dudone）⑨。如果希望从以上列举的这些人物中寻找关联的话，可以明显地发现，无论是善是恶，他们要么从一开始就从属于基督教阵营，要么后来改信了基督教（例如鲁杰罗和玛菲萨）。而与此相对的是，在异教徒或者信仰不明的人物身上，出现了两次“理智”与“aventura”（运气）之间的对立：第一次是第 17 歌 63 节，其中异教徒两员大将蛮力卡（Mandricardo）与格拉达索（Gradasso）“ben che vi fu **aventura** piú che **senno**” ⑩（Ariosto，2015：457），从魔怪手中将叙利亚王的爱妻解救了出

① “la capacità di regolare e condurre a buon fine le cose umane”.

② 第 3 歌 18 节 2 行、55 节 1 行；第 4 歌 65 节 8 行；第 8 节 44 歌 2 行；第 11 歌 75 节 4 行；第 17 歌 63 节 3 行；第 23 歌 132 节 6 行；第 24 歌 32 节 5 行、39 节 2 行；第 26 歌 133 节 4 行；第 27 歌 8 节 5 行；第 29 歌 54 节 2 行；第 31 歌 45 节 2 行；第 32 歌 8 节 8 行；第 34 歌 66 节 8 行、82 节 7 行、83 节 6 行、83 节 8 行、84 节 2 行、87 节 2 行；第 35 歌 9 节 8 行；第 38 歌 23 节 6 行、88 节 6 行；第 39 歌 57 节 2 行、59 节 2 行、81 节 5 行；第 40 歌 48 节 6 行；第 41 歌 80 节 4 行；第 43 歌 23 节 5 行、62 节 2 行；第 44 歌 51 节 7 行；第 46 歌 133 节 8 行

③ 第 23 歌 132 节 6 行；第 31 歌 45 节 2 行；第 34 歌 66 节 8 行、83 节 6 行、83 节 8 行、84 节 2 行、87 节 2 行；第 35 歌 9 节 8 行；第 38 歌 23 节 6 行；第 39 歌 57 节 2 行、59 节 2 行；第 40 歌 48 节 6 行

④ 第 4 歌 65 节 8 行；第 27 歌 8 节 5 行；第 38 歌 88 节 6 行；第 43 歌 23 节 5 行

⑤ 第 38 歌 88 节 6 行；第 44 歌 51 节 7 行；第 46 歌 133 节 8 行

⑥ 第 26 歌 133 节 4 行；第 32 歌 8 节 8 行

⑦ 第 24 歌 32 节 5 行、39 节 2 行

⑧ 第 41 歌 80 节 4 行

⑨ 第 39 歌 81 节 5 行

⑩ “尽管是靠运气而非智慧”。（阿里奥斯托，2017：628）

来；第二次是在第 29 歌 54 节，已经失去理智的罗兰冲向过路的两位信仰不明的樵夫，此时“dei quali un, piú che **senno**, ebbe **aventura**”[①]（Ariosto，2015：887）。从以上关于“senno”一词的具体应用大致可以看出，“理智”似乎只与基督教阵营的相关人物有关，而没有或不知其是否有基督教信仰的人物依靠的是“运气”而非“理智”（田众非，2020：41）。

更进一步证明存在于“月亮峡谷”中的“理智”与基督教之间存在关联的则是“理智”的功效。在这一片段最后的 86 节，阿托夫拿到了装着自己理智的瓶子，打开瓶盖，将理智重新吸入，并在 87 节拿走了装着罗兰理智的瓶子。后来，在第 39 歌，阿托夫在众骑士的帮助之下，制服了发狂的罗兰，并使用这个瓶子，将罗兰失去的理智重新送回了他的头脑之中。因此，如果想要了解“理智”的功效，便需要考察这两位骑士在恢复理智之后都做了什么、发生了什么变化。

首先说罗兰。在第 39 歌 44 节之后罗兰恢复理智的过程以及他恢复理智之后的行为中，有几件事特别引人注目。第一，罗兰恢复理智的方式。在第 39 歌 56 节，阿托夫七次将罗兰的头按入水中再抬起，之后才将装着罗兰理智的瓶子放在罗兰的鼻孔处。将头部浸入水中，这种方式很难不令人联想到基督教的洗礼，而次数“七”在基督教中也具有重要的象征意义，往往与七宗罪联系在一起。例如，在《神曲》的《炼狱篇》第 9 章中，但丁·阿利吉耶里（中国称他为“但丁”）就曾写道：“那天使把七个大写 P 字，用剑尖刻画在我的额面，‘炼狱内洗此伤。’随后吐言”（阿利吉耶里，2022：89）。考虑到洗礼本就具有洗净罪孽的含义，那么这七次按头入水，是否就可以看作是阿托夫为罗兰“施洗”，洗去罗兰身上的罪孽，然后“理智”才能回到罗兰体内？第二，罗兰在恢复理智之后，按照阿里奥斯托在 61 节的描述，他不再沉湎于对契丹公主安杰丽佳（Angelica）的恋情，并且打算重新夺回之前受困于爱情时失去的东西。如果单独看待这一转变，似乎不会觉得有何异常，但考虑到第 34 歌 63—65 节中圣约翰曾抨击罗兰说，上主赐予他无敌的武勇，是为了让他保卫基督教信仰，结果他却与异教徒女子安杰丽佳陷入“incesto amore”[②]（Ariosto，2015：1039），因此

① “一樵夫运气好只伤面皮”。（阿里奥斯托，2017：1181）

② 在著名评论家卡雷蒂（Lanfranco Caretti）的注释中，此处的“incesto”被解释为“由于宗教差异而导致的不纯洁”（“impuro, per la diversa religione”），参见《疯狂的罗兰》意大利文版 1039 页 64 节第 5 行注释。

上主夺去了他的理智以惩罚他。由此来看，恢复理智后，罗兰失去“不纯洁的”异教爱情，打算重新回到捍卫基督教的事业之中。第三，从之后罗兰的所作所为来看，他与阿托夫一起率军攻陷了异教徒联军的首都比塞大（Biserta），并且在最终的决战中手刃异教徒联军的统帅，为查理曼一方赢得了宗教战争的最终胜利。因此可以认为，“理智”在罗兰身上产生的效果，便是让罗兰重新回到宗教的道路上来。

接下来再看阿托夫。与之前相比，恢复了理智、从月亮上下来的阿托夫，人物形象发生了几个重大的变化。首先，尽管《疯狂的罗兰》以查理曼与异教徒之间的宗教战争为故事的大背景，但是阿托夫几乎错过了前面所有的重要战役。等到从月亮上回来之后，他才开始正式加入宗教战争之中，亲率努比亚（Nubia）的基督教军队进攻异教徒的首都比塞大。其次，登月之前的阿托夫在《疯狂的罗兰》中，是一个以使用魔法武装为主的、与众不同的骑士形象，而恢复了理智的阿托夫则更加异乎寻常：他不再能够使用魔法武装，转而开始在圣约翰的教导下行使神迹奇事。这些神迹包括治好了努比亚国王塞纳颇（Senapo）失明的眼睛；捕捉南风，吹散了阻隔在努比亚与比塞大之间的沙漠；登上山顶祈祷，将石头变成战马，使没有战马的努比亚的军队有马可骑；将树的枝叶变成战船以支援查理曼军队对阿尔勒（Arli）的围攻。吹开沙漠，在有需要的时候登山祈祷、遂行神迹，率领军队长途奔袭、攻打异教徒，这样的阿托夫简直已经成为《旧约》中带领以色列人出埃及的摩西（田众非，2019：41）；而使失明之人重获光明，这种能力已经堪比耶稣基督了。此外，之后为罗兰施行“洗礼”的也是阿托夫，这一行为再一次强化了阿托夫身上的宗教色彩（田众非，2019：43）。因此可以说，取回“理智”之后的阿托夫，摇身一变成为一个先知一般的宗教人物。可能这也就是为什么在第 34 歌 68 节阿里奥斯托会安排阿托夫乘坐先知以利亚升天的“火车火马”登上月亮的原因吧。

根据上面的分析应该可以认为，“理智”在两个人物身上产生的功效，最主要的是强化了二者与基督教之间的关联。那么，出现在《疯狂的罗兰》的“月亮峡谷”中、人们失去又不自知的“理智”，很可能与基督教信仰有着密切关联。并且，考虑到“理智”是通过鼻子进入人的身体，而根据《创世纪》的说法，上帝在创造亚当之后，也是通过鼻孔吹入灵气，他才成了活人，两种方式之间具有极大的相似性。因此，综合上述证据，笔者甚至认为，阿里奥斯托对于“理智”一词的理解，很可能可以与基督教信仰的精神实质画上等号。而他所身处的那个世界，很可能正是由于缺少了这种等同于基督教信仰精神实质的“理智”，才导致了遍地都是疯狂的景象。

但是阿里奥斯托为什么要写这样的内容呢？文艺复兴时代的意大利，按照布克哈特（Jacob Burckhardt）的说法，“当时在意大利流行的不信宗教的风气是人所共知的”（布克哈特，2015：495），德·桑克蒂斯（Francesco De Sanctis）也认为在当时的意大利不存在宗教感情[①]（De Sanctis，2017：539），因此阿里奥斯托做出这样的抨击看似无可厚非。可是阿里奥斯托本人似乎也并非虔诚的信徒，至少在拉伊那看来，阿里奥斯托本人对于宗教抱持的是无所谓的态度，他更多的是出于习惯、为了做样子而参加弥撒[②]（Rajna，1876：50）。果真如此的话，加上阿里奥斯托不仅在第34歌80节讽刺“君士坦丁的献礼”，还曾在例如第14歌80—82节等处直接讽刺修道院，那他的行为可以说完美契合了布克哈特作出的论断：“在文艺复兴到达高潮时期，意大利上层和中层阶级对于教会的感情里混合有：极端蔑视的反感、对于日常生活中的表面的宗教习惯的默认和一种信赖圣礼和圣典的意识”（布克哈特，2015：497）。确实，阿里奥斯托曾在伊波利托·德·埃斯特主教手下服侍了很多年，并且一直郁郁不得志，后来也没能成功进入教皇利奥十世的宫廷，而且教廷与费拉拉的埃斯特家族之间关系似乎也不是很好（Cavallo，2017），因此他对教会抱持敌对态度是可以理解的。但是仅凭这一点足够认为阿里奥斯托对整个基督教都没有任何好感，就只是出于习惯遵循宗教习俗吗？尽管福蒂尼（Franco Fortini）提到阿里奥斯托拥有一种无神论的思想倾向（Dell’Aia，2013），但作为生活在文艺复兴时代的意大利人，他真的能够完全抵制或不受基督教的影响吗？加林认为，费拉拉的文化氛围深受柏拉图主义的影响（Dell’Aia，2013）；德拉亚也提出，阿里奥斯托对斐奇诺（Ficino）以及新柏拉图主义产生过兴趣（Dell’Aia，2013）。因此，倘若阿里奥斯托创作的“月亮峡谷”果如拉伊那所说，是一个位于现实物质世界之上、与其相对应、展现其本质与内在价值的“原型世界”，那么他会不会也为“理智”赋予了一定的形而上的宗教含义，比如认为“理智”就是基督教信仰的

① “in Italia…scaduto ogni sentimento religioso”.

② “egli è un indifferente che va alla messa per abitudine, e tanto per salvare le apparenze”.

精神实质？否则，《疯狂的罗兰》中关于“理智”一词的运用，为何呈现出如此明确的宗教关联？关于这一问题，需要对阿里奥斯托的生平及其作品进行更加深入的研究，才有可能得到比较令人满意的答案。

4 结语

在整部《疯狂的罗兰》中，“月亮峡谷”片段可以说是阿里奥斯托将其想象能力展现得最为淋漓尽致、最为后世读者津津乐道的片段之一了。在这一片段的创作过程中，尽管阿里奥斯托参考了阿尔贝蒂创作的关于梦中国度的故事，但是他不仅将原本梦中国度中的峡谷搬到了月亮之上，还对峡谷中保存的事物种类进行了相当程度的扩充。诗人在《疯狂的罗兰》中的这样安排，很可能为月亮这一意象赋予了“对于功名利禄等事物虚妄的追求及其最终的‘失败’/‘失去’”这一象征意义，而这种象征意义也影响了其之后创作的第三首讽刺诗。至于人们这种执着的追求及其最终“失败”/“失去”的根本原因，阿里奥斯托在“月亮峡谷”片段中明确提出，是由于人们失去了“理智”，导致人世之间只剩疯狂。但关于“理智”的本质，通过考察“senno”这一单词在整部《疯狂的罗兰》当中的运用，以及其在这部作品中所展现出来的功效，基本可以认定其包含有比较明显的宗教含义。笔者甚至认为，在阿里奥斯托眼中，“理智”很可能就是基督教信仰的精神实质。如果此说成立的话，那么阿里奥斯托这样一位生活在宗教改革如火如荼的 16 世纪初、效力于新柏拉图主义盛行的费拉拉的诗人，或许并非如前人所说对于基督教不甚热心，而是有着自己独到的见解。这种独到的见解正是通过“月亮峡谷”这一片段体现出来的。因此，从这个意义上，笔者认为，“月亮峡谷”片段也确如塞格雷所言，是“整部作品中最具有阿里奥斯托风格的诗节之一”（Dell’Aia，2013：242），因为它不仅仅是阿里奥斯托丰富的想象力、创造力的体现，也从一个侧面向读者揭示了阿里奥斯托这位在德·桑克蒂斯眼中能够与但丁比肩、作为文艺复兴文化的“旗手”“终结了文艺复兴”[①]（De Sanctis，2017：537）的伟大诗人在宗教信仰方面

① “Ludovico e Dante furono i due vessilliferi di opposte civiltà. Posti l’uno e l’altro tra due secoli, prenunziati da astri minori, furono le sintesi, in cui si compì e si chiuse il tempo loro. In Dante finisce il medio evo; in Ludovico finisce il Rinascimento.”

的思考。不过，由于笔者的学识和能力比较有限，仅能对于这一片段做出比较肤浅、表面化的分析，而且其中不免存在许多缺陷和不足之处。因此，希望对《疯狂的罗兰》，尤其是对其原文版本有所研究的学者能够加以批评指正，笔者感激不尽。

参考文献

Ariosto, L. 1809. *Satire di Ludovico Ariosto* [M]. Pisa: Tipografia della società letteraria. Google Libri.

Ariosto, L. 2015. *Orlando furioso* [M]. a cura di L Caretti. Torino: Einaudi.

Berruto, G., & Cerruti, M. 2017. *La linguistica: un corso introduttivo* [M]. Torino: UTET.

Bologna, C. 1993. *«*Orlando furioso*» di Ludovico Ariosto* [M]. Torino: Einaudi.

Bologna, C., & Rocchi, P. 2010. *Rosa Fresca Aulentissima: 2. Umanesimo, Rinascimento e Manierismo* [M]. Torino: Loescher.

Cascitelli, M. 2015. L' «instabil dea» e la «gran follia»: Fortuna e delirio nell' *Orlando furioso* [D]. Padova: Università degli Studi di Padova.

Cavallo, J. A. 2017. *Il mondo oltre l'Europa nei poemi di Boiardo e Ariosto* (traduzione di C. Confalonieri) [M]. Milano: Mondadori.

De Sanctis, F. 2017. *Storia della letteratura italiana* [M]. Milano: BUR Rizzoli Libri.

Dell'Aia, L. 2013. Il platonismo di Ariosto [J]. *Enthymema*, IX: 241-256.

Garin, E. 1990. *Rinascite e rivoluzioni - Movimenti culturali dal XIV al XVII secolo* [M]. Roma: Laterza.

Rajna, P. 1876. *Le fonti dell'* Orlando furioso [M]. Firenze: Sansoni Editore. Google Libri.

阿里奥斯托，2017. 疯狂的罗兰 [M]. 王军，译 . 杭州：浙江大学出版社 .

阿利吉耶里，2022. 神曲：炼狱篇 [M]. 王军，译 . 杭州：浙江大学出版社 .

布克哈特，2015. 意大利文艺复兴时期的文化 [M]. 何新，译 . 北京：商务印书馆 .

田众非，2019.《疯狂的罗兰》中阿托夫体现的时代精神 [D]. 西安：西安外国语大学 .

田众非，2020. 通过关键词解读《疯狂的罗兰》第 34、35 歌想象世界之旅 [J]. 语言与文化论坛（03）：37–45.

作者简介

田众非，欧洲语言文学（意大利语）硕士，浙江越秀外国语学院意大利语系助教。研究方向：意大利文艺复兴文学，意大利语文学。电子邮箱：zfraftian1990@sina.com

波兰文学中河流意象的文化探赜

茅银辉 冯宝蕙

摘要：河流是人类文明的摇篮，自古以来就与文学密不可分。波兰文学中的“河流”成为一种独特的意象，其中蕴含着丰厚的文化意蕴与民族精神。本文以波兰文学文本中的河流意象为切入点，尝试性探索文学作品中各种河流意象的生成机理和文化内涵，为波兰河流意象研究提供新颖、可行的视域。

关键词：河流意象；波兰文学；文化研究

河流是富有灵性的地理空间，无论是浩瀚江河，还是涓涓细流，都滋养着一方的水土，哺育着世世代代的人们。在淌动的温床之上，先民们繁衍生息、辛勤耕作，创造出光辉灿烂的精神文明。人类文明的瑰宝依托文化和文学的薪火相传，在历史更迭中传承不辍、生生不息。在波兰平坦的原野上，维斯瓦河、奥得河等河流蜿蜒于城市与村落之间，以甘甜的乳汁慷慨地哺育着沿岸的波兰人民，流淌出饱含深沉情感的波兰经典文学。植根于河流的地理本色，波兰文人作家通过形象化的艺术手法，将民族情怀和时代价值融入文字之中，使文学中的河流不拘泥于本源，最终留下吟咏不尽的千古绝唱。本文以波兰文学中的河流书写文本为研究对象，深入挖掘河流意象的文化内蕴，探究波兰民族文化深处的价值指向，期冀能为波兰文学的河流意象研究呈现新的思辨范式。

1 河流的审美形态文化意蕴

河流作为常见的地理元素，彼此之间十分相似，它们看得见、摸得着、感受得到的外在显现被文人作家尽收眼帘。波兰文学中存在着大量对河流的景观化描写，通过对河流的自然书写，独具匠心地营造出一种审美意境，间接地表达了作家的文化价值取向。

维斯瓦河在斯特凡·热罗姆斯基（Stefan Żeromski）的笔触之下，比喻灵动，表意隽永，呈现了河流饶有诗意的艺术姿态：

> 维斯瓦河的流水……从其身后的高山之巅潺潺泻来，仿佛那泛着蓝紫的云彩，静默地伴随着玫瑰色的清晨，与猩红色的日落——穿过北方的季风，进入缥缈的波兰平原。[①]（Żeromski，1920：21–22）

热罗姆斯基以一种自然写实的眼光，为河流灌注催人欲醉的魅力，呈现出一种河流本体性的审美形态。在波兰文坛中，书写河流自然景致的作品俯仰皆是，逐渐衍生出"物"与"情"之间的隐然联结。艾丽查·奥若什科娃（Eliza Orzeszkowa）在《涅曼河畔》（*Nad Niemnem*）中就善于利用笔墨对涅曼河的自然风光进行勾勒与渲染，以营造"先声夺人"之势，使作品的艺术空间和阐释空间更有层次。该小说的开篇之章就引人入胜：

> 在地平线的一边，有一些不大的、披着发黑的针叶林和阔叶林的丘陵绵延起伏，另一边——象砂墙似的屹立着涅曼河的峭岸，仿佛它是从绿茵中长出来的一般。在河岸上覆盖着郁郁苍苍的松林，宛如一条黑带子，遮断了苍穹。（奥若什科娃，1979：3）

涅曼河畔宁静祥和、诗情浓郁的自然景象跃然纸上，犹如世外桃源般令人神往。一方面，作者对涅曼河的自然描写贯穿全文，河畔的绚丽风光与整部作品浑然一体，极大地增强了小说的艺术魅力；另一方面，书中描写的近乎田园诗式的农村生活，恋爱、劳动、愉快的午宴和欢乐的婚礼，掩盖着"辉煌的暴风雨般的时刻——笼罩在烈火之中、连最平庸的人心里也充满了热情的时刻"（奥若什科娃，1979：4）。因而，涅曼河与小说的角色、情节等要素之间交错杂糅，相得益彰。

尽管上述例子仅聚焦于对河流的景观化描写，但仍能体现出作家的审美

① 本文作者译。

导向、艺术构思与表现技法。由此观之，河流能够触发文人作家的文学灵感与创作激情，对文学创作产生基础性的影响。然而，文学是诉诸感性的场地，作家在对河流进行深度参悟后，“拼贴式”“复制型”的自然描摹方式不足以表达情感，这就促使创作主体在原有范式的基础上会加以创新和嬗变，形成各自艺术表达的独特元素。在此意义上，随着对河流审美意识的进一步觉醒，创造出“作家在构思中通过种种感受在内心所形成的形象”（胡雪冈，2009：50），即意象。波兰作家群体结合着河流的客观景致，充分挖掘河流在文学中的修辞艺术、叙事功能与审美意趣，使之在文本中投射出多样化的意蕴层次，并予以复写和固化。

河流常见于自然，其文学意象的形成既与河流本身的自然特征相关，也与本土社会和文化的活动有着密不可分的关系。一方面，在反复感知和书写流水之际，结合水体、流动势态、水文特征，逐渐勾勒出生命底蕴和生态审思；另一方面，河流能够将同一文化场域内不同时期的作家及作品汇聚一方，用所累积的集体情感与文化构建新的审美空间。

2　河流意象中的生命底色

自古以来，人们逐水而居，世界诸多的文明和国家都经历了大河孕育和吐纳的过程，河流被认为是人类文明存续的香火，人们常常把“生命气息”融入河流之中，以此来展现出生命的真谛和本质。波兰作家在对河流观察、感知的基础之上，把河流作为生命的象征，将一个完整的生命过程呈现得淋漓尽致。

其一，生命的诠释。追溯人类生存之源，河流为人类文明的产生和延续带来了生机。人类依靠河流恩泽而获得生命的逻辑，波兰作家因此将河流与生命哲思之间建立起了联系。作家立足于河流展开文学想象，将河流类比生命的历程，使抽象的生命概念变得活灵活现。诗人维斯瓦娃·辛波丝卡（Wisława Szymborska）在其诗作《在赫拉克利特的河流里》（*W rzece Heraklita*）中，就将情节发生的场域设置在河流，并从鱼的视角出发，分别论述自然、爱情、宗教等主题。水是鱼生存的基本条件，同样地，水资源也是我们人类生命赖以生存的基础。实际上，这里的“河流”是“生命历程”的投射，而“鱼”则是“人”的化身，“河流”和“鱼”相辅相成，共同建构起一个虚构而非真实的诗性想象空间。通过时空压缩，行文中蕴含着对生命宏观的整体把握以及对个体微观的推敲，清晰易懂中又夹杂着深刻的哲理。

其二，时间的流逝。河流是指地表上大水量且长时间流动的天然水流，是流动的地理空间。奥尔加·托卡尔丘克（Olga Tokarczuk）在《云游》（*Bieguni*）中，对河流与运动间的密切关系就有着深刻的洞见：

> 站在岸边、凝视河流的我明白了一件事：流动的物事总是比静止的好，哪怕，流动会带动出各式各样的风险；相比于恒久不变，改变总是更高尚的；静止的物事必将衰变、腐败、化为灰烬，而流动的物事却可以延续到永远。（托卡尔丘克，2020：4）

流水不可回转之际，常常激发文人作家怀古追思的情感，他们都忠实地照看河流外化的自然表象，将空间化转变为时间进程，在澎湃的情感中对“流水”与“时间”产生深刻的体悟。《涅曼河畔》中便有一例：

> 常言说：“时来黑铁生辉，运去黄金失色。”——世界上的一切都是短暂的，变化无常的……一切都象河水那样不停地流过去，一切都象树叶那样逐渐地枯萎。（奥若什科娃，1979：174）

小说人物安哲里姆的这番话语是追忆历史后的总结，饱含了他对现实的辛酸与无奈。“河水”和“树叶”成为时间流逝的化身，通过对两者的活动状态或生长历程的直接描述，抒发了倾诉者对世事变幻的感慨。

岁月步履匆匆，生命消逝了无痕。消亡在深水中，或消失在遥远的天边，同深度同无限相结合，这便是人的命运，这命运在水的命运中取得了自己的形象（巴什拉，2005：14）。因而，与生命的时间历程串联起来，河流也能成为丈量生命的尺度：

> 所以这里就是尽头了，河流始于小泉，逝于无际浩渺的大海。河流汇入其中，不再是一条河，它的痕迹被抹去……我们在不断成长，漂浮得也越来越远，沿途的风景处处改变着我们。我们流入无边无际的大海，众

多河流也汇聚于此，我们终将无迹可寻。除非我们做点什么，才能被人记住。[1]（Kiereś，2014：138）

在领悟生命的长度与厚度之时，儿童作家艾米利亚·凯拉希（Emilia Kiereś）通过寓言式的艺术手法，以河流注入海洋了然无痕的自然现象为依托，抒怀对生命戛然终结的惋惜与落寞，心存对生命延续与突破的思考。生命的消逝不是终结，遗忘才是，生命的终结在河流中得到了新的诠释。

其三，生命的救赎。河水是流动而清澈的，它能够为人们洗涤岁月里蒙尘的心灵，在喧嚣的俗世中寻找一片心灵的净土。这在波兰的文学作品中是有迹可循的，常见的情节是作品主人公在河流中努力超脱个人苦难，希冀在精神上获得救赎，由此体现客体之物与主体之情的高度统一。在热罗姆斯基的著作《忠实的河流》（*Wierna rzeka*）中，就有河流对人物角色进行治愈与救赎的情节：

到了水中，他感到轻松多了，他的身子周围发黑的河水被鲜血染红了，翻腾起来，仿佛河底在呻吟。勤劳的河水关切地冲洗着他的每一个伤口，象慈母一样为他解除难受的疼痛。（热罗姆斯基，1983：11）

在叙事功能上，该小说中的河流不是孤立存在的，它超越了空间审美形态的畛域，与作品主题表达、人物心理刻画密切相关，甚至成为推动小说情节的关键要素。起初，受伤的约瑟夫将河流视为障碍，但在与河流"亲密接触"后，内心的苦痛都为河流所抚平。在这一意义层面上，也拓展了文学作品中河流的救赎意涵，并以之为依托建构起新的生命意蕴。

人们为河流构建一个合乎情理的想象空间，使之与河流现实空间中的真实元素交互，并以虚实相生的手法彰显了一种跨越空间的生命形式。事实上，河流意象是由流水的象征意义衍生而来的，流水运动为生命蜕变、人类生存、时间流逝提供了一个基本的象征载体（Bartmiński，2013：64）。人们对河流物质形态作出界定，即对流水原始意涵进行解读，从而使河流成为该特定文学主题的象征。

① 本文作者译。

3 河流意象中的生态蕴涵

在生成和丰富河流符号的过程中，河流生态也成为众多文人笔下的倾爱之物。人们跳出以自我为中心的藩篱，从自然生态的视角审视大自然法则，或发出对生态灾害的畏惧，或抒发对河流生态的忧虑，成为人类感知与体悟自然的另类叙述。

其一是有关洪水主题的河流书写。洪水河患是世界范围内较为普遍的自然灾害，会对地理环境、人类的生产生活带来巨大的威胁和损害，这种桀骜不驯、令人不安的地理元素也进入到波兰文学家的视野当中。在托卡尔丘克的文字中，奥得河呈现出不同的情绪状态，一方面它具有温顺的一面，发挥自身的河运功能造福人类，但另一方面，奥得河展现出极具威胁性的力量：

> 这意味着奥得河的威力比我想象的还要大。只要奥得河想的话，它可以袭击村庄，直抵教堂，冲垮车站，淹没池塘。甚至漫过窗户将房屋淹没，所到之处，满目疮夷……[①]（Tokarczuk，2003：159）

除了对河流野性特质的刻画以外，由于波兰的天主教历史悠久，宗教话语也渗透于文学作品之中，一些与河患相关的作品就与《圣经 · 创世纪》里方舟的故事相关联。该故事讲述了造物主耶和华计划用洪水消灭地上一切邪恶的人与物，并指示诺亚建造一艘方舟躲避这场洪灾。因此，波兰的文学逻辑是人的罪恶会导致洪水的降临，而洪水具有河流洁净、清洁的功效。安东尼 · 斯沃尼姆斯基（Antoni Słonimski）在诗作《洪流》（*Potop*）中，就向上帝祈求一场洪流，希望能够毁灭周遭所有使他身心受伤害的人，并在心灵上获得诺亚方舟上的洁净。

波兰文学家还借助洪水的破坏性来传达时代主题、个人诉求等信息。学界狭义上定义第二次北方战争中的波瑞战争为“瑞典大洪水时代”（potop szwedzki），这借喻了洪水肆虐会给人们留下灾难后的悲痛与创伤，是挥之不去

① 本文作者译。

的梦魇，而经历战争以后波兰也愈发走下坡路，16 世纪的“黄金时代”风光不再。波兰著名小说家亨利克·显克维奇（Henryk Sienkiewicz）的一部鸿篇巨制就以该时代为背景展开叙述，并以“洪流”（potop）命名。这里既指明了故事的背景，也暗示着波兰民众团结一致，最终汇成一股洪流击退侵略者瑞典，并使之溃不成军。

其二是对生态地理的自然哲思，兼有回望河流时的忏悔与觉醒。波兰的河流文学都富有深刻的生态书写，在河流污染、断流等生态问题上更是充满人文关怀，饱含对人性的考量。诗人切斯瓦夫·米沃什（Czesław Miłosz）的创作除了涉及战争、历史等宏大主题之外，也有一些素朴清新的生态小诗。他在诗作《河流变小了》（*Rzeki maleją*）中临摹河流外在显现的同时，也表现了以我观物的愁绪：

河流变小了。城市变小了。美丽的花园
呈现了以往不曾见到的残枝败叶和尘土。
当我第一次游过这片湖时，觉得它很大，
要是我今天到那里，它宛若一只剃须碗
在后冰川期的岩石和杜松之间。[①]

（Milosz，2011：528）

诗人以河流的形体转换为情感载体进行议古论今，在追忆往事中夹杂着对故土的疏离感，同时痛心于近现代文明对自然生态的破坏，毫不掩饰自己的焦虑和忧思。亚当·扎加耶夫斯基（Adam Zagajewski）也同样着眼于原生态、原发性的河流，采用丰富而简练的言说方式来反思自然生态：

你怎能负载剥落的橘子皮，
可乐罐，一片片
肮脏的、曾经纯洁的
雪。

① 本文作者译。

起来，河。

（扎加耶夫斯基，2020：126）

在生态主题下，河流以一种更为客观、平面化的形象呈现给读者，是作品的中心思想与艺术表现的重要因素。但不同于纯粹的风景描写，它是感性的、直觉的、个别的和不可重复的，是诗人在情感驱动下要求作艺术表现的产物（吴晓，1990：4）。因此，审美主体的主观情绪被移置、外化于河流，河流的存在与属性都是创作主体的有意选择，反映出波兰民族自然观受到民族文化积淀和自然审美的影响。

4 河流意象中的国族印记

所谓国族，即一种文化与政治的结合，能够将所有分享历史文化与家园的人聚合在一个政治共同体之中（江宜桦，2006）。在波兰这一国家政治框架之下，凝聚着的是由“共同记忆”“共同命运”“共同未来”联结起来的共同体。如果将这一共同体的意识符号化、具象化，河流是强化国族认知的不二之选。尽管河流是客观的地理场域，但由于其置身于不同的国度，承载了不同区域内世代积累的体悟与文化，这种特殊的地域属性使得作家在反复追忆河流的过程中，能够产生与波兰生活环境相关的情结，从而艺术再现自身所归属的特殊的国族印记。最终，强烈的爱国情怀嵌于其中，使河流、作家、作品之间难以分割。

作为波兰最长的河流，维斯瓦河在波兰历史上始终具有举足轻重的作用，它依托自身的河运优势造就了16世纪波兰的“黄金时代”。在编年史学者扬·德乌戈什（Jan Długosz）的历史著作《著名波兰王国编年史》（*Roczniki czyli kroniki sławnego Królestwa Polskiego*）中，维斯瓦河就占有一席高地，它被赋予了“波兰最著名的河流”“第一大河”“河流之最”的地位。时至今日，维斯瓦河也被冠以“河流皇后”的称号。地位显要的维斯瓦河与波兰的国运紧密联系在一起，见证了波兰命运的荣辱兴衰，成为追怀历史与感叹兴亡的载体，由此重塑了河流的文化意涵。生于两次世界大战期间的诗人克日什托夫·卡米尔·巴钦斯基（Krzysztof Kamil Baczyński）就在其诗作中实现了维斯瓦河与波兰国族之间无障碍的沟通与对话：

维斯瓦河啊！多少年来，
你用你那粗布裙子护卫着这个民族！
如果我在战斗中牺牲，请赐给我一个名字！
因为你是不屈的土地，属于战士的土地。

（张振辉，2015：151）

诗人以第二人称“你”亲切地称呼维斯瓦河，仿佛在进行着一次面对面的交谈，浓烈郁勃的爱国主义色彩弥散其间。在波兰人民的意识里，维斯瓦河是波兰特定的民族场域，它融入了人们的记忆中，成为不可磨灭的精神符号。几个世纪以来，波兰饱受大国侵略控制，世界局势的动荡打破了波兰复国伊始的宁静。在此背景下，诗中的维斯瓦河成为波兰的化身，始终与战斗的健儿们共同奋战，守卫家国。可见，维斯瓦河承载着波兰民族的精神内核，是能够象征国家与民族的重要意象，成为最具有国族归属感的艺术载体之一。围绕维斯瓦河的爱国主义文学创作层出不穷，波兰诗人卡罗尔·巴林斯基（Karol Baliński）借维斯瓦河之名试图唤醒波兰民族之魂：

啊！那挚爱的！那真挚的！
我们的维斯瓦河！亲爱的维斯瓦河！
承载了多少
岁月折磨的血与泪，
无数耀眼的星星
倒映在镜子般的河面。[①]

（Lorentowicz，1913：388）

维斯瓦河是波兰民族共享集体记忆的场所，是区别于其他民族文化和情感的精神载体。诗人向着维斯瓦河的声声呐喊令人动容，实际上其所呼唤的

① 本人作者译。

对象是波兰民族。维斯瓦河与国族命运休戚相关，这一艺术手法使字里行间都激荡着波兰民族的热血、义愤、不屈，以及在困境中实现浴火重生的凌云壮志。除了维斯瓦河，奥得河、涅曼河等同样与波兰民族的家国记忆息息相关，对波兰作家产生不可磨灭的影响。浪漫主义诗人亚当·密茨凯维奇（Adam Mickiewicz）在其伟大长诗《塔杜施先生》（*Pan Tadeusz*）中，通过对涅曼河展开浪漫的空间想象，表达了对故国浓郁的思恋之情：

此刻请你把我渴慕故园的灵魂
带到那些小丘、森林，如茵的牧场，
那儿蔚蓝色的河水静静地流淌，
辽阔的大地伸展到涅曼河滨；
带到那广袤的田野，那儿美如仙境，
小麦一片金黄，稞麦银波粼粼。

（密茨凯维奇，2016：2–3）

密茨凯维奇对涅曼河的自然描绘来源于真实境况，却有着虚构性的文学张力。诗人在创作中实现了现实与想象语境的跨越，投射出创作主体的精神意涵，最终形成一幅富有意境的河流景象。因此，创作主体并不仅仅是复制客观的河流地貌，更多的是烛照国族的共同记忆和体悟，并经过个人情感的加工，最终使河流成为具有特殊内涵的自然意象。

在波兰的河流文学中，另一种表达爱国情怀的艺术手法是联结了河流的区隔功能。河流作为一种天然屏障，其两岸分隔和容纳着不同的事物和人群，而国家边界的划定也常常以河流作为标尺。因而，河流作为一种生活、政治空间，区分、容纳了具有不同政治属性的人群，使得这些人具有某种被“标出”的意义（蒋林欣，2020：215）。文学家观照并利用河流这一特殊属性，借以缅怀历史，从而传达爱国情愫。例如，密茨凯维奇曾写道：

涅曼河分开了立陶宛人和敌人
一侧有高耸神庙，辉煌闪亮，
森林呼啸，众神居住的地方；

另外一侧，十字架竖立在山冈上，
德国人的标识，顶部高耸入云，
向立陶宛伸出臂膀威胁，
似乎要把全部帕莱蒙的土地
从上面攫取，强横占据。

（密茨凯维奇，2014：33）

涅曼河是条顿骑士团在其血腥征服中所到达的边界，与立陶宛隔岸相对，在意识形态话语对立的情形下，涅曼河成为这两个民族之间区隔的边界。同样地，从历史深处奔涌而来的奥得河，见证了几个世纪以来斯拉夫文化和日耳曼文化之间的冲突。奥得河现流经波兰、德国、捷克三个国家，至今仍发挥着区隔政治疆域的作用，因此该河流长期以来都具有多元化的属性，并常常受到作家群体的青睐。著名翻译家亨利克·贝雷斯卡（Henryk Bereska）一生深受波兰和德国的文化的影响，他在作品《法米洛克》（*Familoki*）中写下了与奥得河相关的片段：

河流和运河切割着
这座饱受折磨的苦难之城。
不久后是一堵墙。
往东走，一条流血的河流——
奥得河——分隔着两个国家，
贯穿其中的是一条守卫的
界线。[①]

（Bereska，2001：7）

奥得河的区隔作用不仅体现在物理空间上，在精神层面上还传达出波兰人民远离国族的恐惧之感，这是积淀在意识深处对家国依恋的情感共识。这种区隔主题是波兰民族世代积累的，与本土河流相关的体悟、记忆与文化，在文学

① 本文作者译。

文本中呈现出独特的情绪意识。

在国族这一宏大的框架之下，河流成为众多爱国主义作品的聚焦点之一，是探研波兰民族文化性格的重要参考轴线。在本质上，它远远超越了自身作为自然景观的存在，是强化国民社会身份同质性的载体，为寻求情感归宿的人们提供了精神家园。在一次次的反复书写中，流淌的河流已深深地烙上了国族的印记，情感联结路线得以固化，形成一种文化传统。维斯瓦河、奥得河、涅曼河等都谱写出富有民族鲜明特色的隽永篇章，建构起具有独特意象的审美空间，其中承载着赓续不断的灿烂文明，维系着生生不息的民族根脉。

5 结语

在波兰文学长廊中，与河流相关的文学体裁纵横捭阖，作家将河流加工、改造为承载着主观情思和历史印记的符号象征，蕴藉了深邃的文化内涵和民族个性，本文以溯源的姿态探讨了波兰河流意象多重文化意蕴的构建。基于客观、自然的水体性质，河流蕴藏了生命的诞生、时间的流逝和命运的救赎，波兰的文化意蕴在这对生命厚度的思索中也得以显现；河流也涵蓄了人们对灾患的焦虑、对生态的反思，其消极的水文面貌恰恰为波兰对现实的审思与赘述提供了重要寄托；河流还凝聚了浓厚的国族情怀，具有代表性的大江大河是国家历史的重要见证，它们不断积淀厚重的文化分量，最终以最具共鸣之势成为抒写家国的艺术符号。同时，在审视国族意象的过程中，河流的区隔功能尤其突出，这是波兰历史和政治因素使然，而这种新的审美空间超出了物质层面的意义，透析出波兰民族独特的文化诉求。由此观之，河流是凝聚了波兰民族个性、审美意趣、文化传统等的艺术综合体，在与波兰文化的交错中，河流经历了意象裂变，此中不断闪烁着波兰文人的才情与魅力。

参考文献

Bartmiński, J. 2013. *Rzeka w językowo-kulturowym obrazie świata Polaków* [M]. w:

M. Jochemczyk & M. Piotrowiak (Eds.), *Urzeczenie. Locje literatury i wyobraźni*. Katowice: Uniwersytet Śląski: 53-64.

Bereska, H. 2001. *Familoki* [M]. Kraków: Księgarnia Akademicka.

Kiereś, E. 2014. *Rzeka* [M]. Łódź: Akapit Press.

Lorentowicz, J. 1913. *Ziemia polska w pieśni* [M]. Warszawa: Gebethner i Wolff.

Milosz, C. 2011. *Wiersze wszystkie* [M]. Kraków: Znak.

Tokarczuk, O. 2003. *Moment niedźwiedzia* [M]. Warszawa: Krytyka Polityczna.

Żeromski, S. 1920. *Wisła* [M]. Warszawa: Wyd. J. Mortkowicza.

奥若什科娃，1979. 涅曼河畔 [M]. 施友松，译 . 北京：人民文学出版社 .

巴什拉，2005. 水与梦——论物质的想象 [M]. 顾嘉琛，译 . 长沙：岳麓书社 .

胡雪冈，2009. 意象范畴的流变 [M]. 南昌：百花洲文艺出版社 .

江宜桦，2006. 民族主义的国族认同理论 [A]// 许纪霖，刘擎，编 . 丽娃河畔论思想 II——华东师范大学思与文讲座演讲录续编 . 上海：华东师范大学出版社：232－262.

蒋林欣，2020. 中国河流文学研究 [M]. 北京：新华出版社 .

密茨凯维奇，2014. 自由的太阳：密茨凯维奇经典诗歌选 [M]. 杨德友，译 . 太原：北岳文艺出版社 .

密茨凯维奇，2016. 塔杜施先生 [M]. 易丽君，林洪亮，译 . 成都：四川文艺出版社 .

热罗姆斯基，1983. 忠实的河流 [M]. 华俊豪，高蕴琦，译 . 上海：上海译文出版社 .

托卡尔丘克，2020. 云游 [M]. 于是，译 . 成都：四川人民出版社 .

吴晓，1990. 意象符号与情感空间——诗学新解 [M]. 北京：中国社会科学出版社 .

扎加耶夫斯基，2020. 永恒的敌人 [M]. 李以亮，译 . 北京：北京联合出版公司 .

张振辉，2015. 波兰现代诗歌选 [M]. 北京：中国社会科学出版社 .

作者简介

茅银辉，博士，广东外语外贸大学外国文学文化研究院院长，中东欧研究中心主任，阐释学研究院兼职研究员。研究方向：波兰文学及文化，中波关系，中东

欧区域与国别研究等。电子邮箱：zofiamao@139. com
冯宝蒽，广东外语外贸大学西方语言文化学院硕士研究生。研究方向：波兰语言文学。电子邮箱：basiafeng@163.com

达尔切夫诗中的即物主义表现手法探析

詹彦怡

摘要： 保加利亚诗人阿塔纳斯·达尔切夫是 20 世纪上半叶保加利亚文坛中独特的存在，其诗注重对客观现实世界的描绘，聚焦于物，诗风节制、冷漠、理性，但又包含着强烈的哲学思辨和人文关怀气息，由此与一战后在魏玛德国盛行的（新）即物主义风格不谋而合。本文试图厘清（新）即物主义的定义，通过达尔切夫的三篇诗作展现其即物主义的创作特点，以及达尔切夫诗作对人与物的关系，人在时间面前的无力与脆弱，人生的重复、单调、孤单与虚无，人的终有一死性等存在主义问题的思考。

关键词： 即物主义；"物转向"；达尔切夫；20 世纪诗歌；保加利亚诗歌

阿塔纳斯·达尔切夫（Атанас Далчев）于 1904 年出生于史称"第三保加利亚"① 领土的索伦（今名萨洛尼卡，在希腊境内），毕业于保加利亚索非亚大学哲学与教育学系，曾旅居意大利和法国，深受西欧文学思潮熏陶。1923 年发表处女诗集，自此在保加利亚文坛名声大噪，且享有国际声誉。其创作高峰期集中在 20 世纪初到第二次世界大战末期（1923—1943），同时从事翻译、编辑和教育工作。

达尔切夫被称为"哲学家诗人"，其风格在保加利亚诗坛独树一帜——如有洁癖般工整的韵律，独特的聚焦客体，节制、冷漠、理性的词句蕴含着深邃的哲学思辨，散发着强烈的人文关怀气息。此外，达氏诗歌最突出的特点在于对"物"冷静、客观、质朴、坦然的关注以及作品中"物大于人"的物主体性——以物为主要的书写对象，而其中人的存在几乎相当于物（静态或濒死），或是被

① 自 1878 年《圣斯特法诺条约》签署起至 1946 年保加利亚人民共和国成立，这段历史时期的保加利亚被称为"第三保加利亚"。

物所束缚、禁锢，总体上蕴含着强烈的“物转向”思想，因而“即物主义”是在对达尔切夫作品的解析中毋庸置疑的一个高频词。

1 即物主义及其译名选用

即物主义艺术思潮兴起于一战结束后的魏玛共和国，作为对20世纪初过于超前的艺术形式（如抽象主义）或过于外露的情感表达（如表现主义）的对立面出现，提倡回归现实、重拾秩序。但我国文艺批评界对即物主义的关注不多，对文学中的即物主义的论述更少，且存在“即物主义”（例如，杨四平，2002）、“新即物主义”（例如，方婉祯，2019）、“新客观主义”（例如，张冠群，2018）等多种译名。

该术语源于德国艺术史学家、评论家和策展人古斯塔夫·弗雷德礼西·哈特拉伯（Gustav Friedrich Hartlauh）对其1923年在德国曼海姆举办的艺术回顾展的命名。德语原文为“*Neue Sachlichkeit*”，直译为“新客观主义”，因此法语和英语批评界都将此术语翻译为“新客观主义”（*Nouvelle Objectivite*, *New Objectivity*）。此“新”是为与原哲学和社会科学意义上的客观主义/客观性区别开，强调“就事论事的务实态度”（方婉祯，2019：277），而非在内容方面的客观反映。保加利亚语将其译作“(нова) предметност”，直译为汉语是“（新）物体主义”，强调诗歌中以物体作为主要描写对象的特点；其中的“新”常在保语批评实践中被省略。中文批评中的“（新）即物主义”译名则来源于日本诗坛对“*Neue Sachlichkeit*”的翻译，同样凸显此风格对客观存在本身的关注，人的情感没有寄于物中，物也并非为描绘人的价值而存在的客观外在。

相较英法两种语言，保加利亚语和中文对“*Neue Sachlichkeit*”这一术语的翻译似乎更为贴切，因为它们更强调物作为被描绘对象的主要地位及其超越人的主体性、稳定性、延续性和永恒性。笔者认为，既然“即物主义”本身便是全新译介的术语，那就没有区分新旧的必要；加之保加利亚文学批评界也较常省略“新”，仅用“即物主义”指代，故本文沿用保加利亚的批评习惯。

即物主义思潮之下还包括诸多流派，目前还没有被广泛认同的区分方法，以地理区域为标准的七分法[①]、按风格特征区分的三分法[②]以及按政治理念区分的二分法[③]都存在。即物主义最基本的特征就是作品中物的主体性超越了人性，由达尔切夫诗作的标题就可见一斑:《医院》(1923),《小屋》(1923),《车》(1924),《门》(1925),《窗户》(1925),《房间》(1925),《房子》(1925),《书籍》(1926),《石头》(1927),《阳台》(1928)……即物主义内部统一的特征在于，其一，它在形式的层面上是反表现主义的（在精神内核和情感层面上却是接近表现主义的，在后文会提到），反对为了表现强烈的情绪而扭曲现实，像是要将20世纪初表现主义思潮中撕心裂肺的呐喊重新收回——抑或重新禁锢在现实的物体和细节中；其二，即物主义也是反抽象主义的，反对对现实浪漫的想象与呈现，要将人们从虚妄的、理想主义的幻象中拉回现实的、残酷的客观世界，用冷峻的笔锋将最真实的场景与景观压在读者眼前。但即物主义对现实的书写又与经典的现实主义有着本质上的不同：它的书写对象就是事物或人物的客观存在，不寄情于物，不寓人于物，不描写物或人的内在价值，人仅作为被观察对象出现以展现其客观形态，而非有内在思想的个体；它不设立典型环境、典型人物，也不展现时代背景或是历史文化语境；它并非通过对客观现实生活的典型再现和真实的细节表现来反映时代，揭示社会生活的本质规律——作品的内在情感仍是个人的、内化的、自我思辨的。

2 《医院》内的死亡恐惧

20世纪20年代的保加利亚诗坛是象征主义的天下，但达尔切夫的诗作却呈现出遗世独立之感。它们摒弃了象征主义形式上华丽优美的辞藻装饰，在象征主义含蓄情感和朦胧意象的汪洋中独自冷僻地正视现实，而且是“死盯着

① 一战后，即物主义风格的影响范围几乎囊括整个欧洲，可以按地域分为德国、法国、意大利、比利时、荷兰、英国和北欧即物主义（Аврамов，2019）。

② 按风格特征区分的三类即物主义：注重社会批判和讽喻的写实派即物主义；注重表现被描绘物的冷峻和静态，带有魔幻现实主义特征，部分源于意大利形而上学绘画（pittura metafisica）的丰碑式即物主义（Monumental Neue Sachlichkeit）或经典即物主义；效仿法国画家亨利·卢梭（Henri Rousseau）朴素原始风格的卢梭派即物主义（The Editors of Encyclopaedia Britannica，2019）。

③ 一类是注重写实、关注物质条件不充足的普通民众的生活、抒发政治抱负的实用主义的左派即物主义；一类是注重艺术表现、希望艺术脱离功用、带有一般会被纳入现代艺术范畴思想（如新古典主义、纯粹主义、结构主义、魔幻现实主义等）的右派即物主义（Аврамов，2019）。

看”，展现出所有的细节真实；其写作技法也犹同手术刀，冷光锃锃，落点精准，干脆利落，切面平滑。“冷峻”和“真实”是诗作《医院》的显性风格。该诗创作于 1923 年，是达尔切夫早期的作品之一。

Болница	**医院**
Тази бяла варосана зала на градската болница,	城市医院这白色石灰粉刷的大堂，
до самите стени прилепените бели легла	紧贴着墙面那一张张白床
и лица побледнели по тях, и лица меланхолни	上面苍白的面庞，面庞形容忧郁
с тъмножълтия цвят на студената зимна мъгла.	颜色是寒冷冬雾的暗黄。
Тези черни ръце връз простирените бели покривки	平展的白色被单上这些黑色的手臂
като черни оголени клони на зимния сняг.	犹如黑色秃枝装点于皑皑冬雪，
тези сухи ръце и ракривени болни усмивки.	这些干柴的手臂和扭曲的罹病微笑，
и очи може би вече вгледани в другия свят.	双眼也可能已看向另一个世界。
Тишината и здрачът и тези прозорци тъжовни	寂静与烛光与这些忧伤的窗
със петна от мухи и с бразди от прахът и дъждът.	有苍蝇留下的污迹和雨滴融合灰尘的纹路，
и звънът, и звънът на големия стенен часовник	还有钟声，墙上那大钟的钟声
сякаш тежките стъпки на близката смърт.	仿佛来到跟前的死神沉重的脚步。
	（詹彦怡 译）

诗篇给人的第一视觉印象是“白”——白色石灰粉刷的大堂和墙壁，白色的床，苍白的面庞，如皑皑白雪的白色床单。“白”是基督教文化场域中圣洁、无暇、美好的象征，在保加利亚民族复兴后期[①]革命解放运动诗歌中营造着浪漫主义——英雄主义的氛围，在 19 世纪末和 20 世纪初（1878 年到 1918 年的第一次世界大战之间）的保加利亚乡村文学以及象征派诗歌中都是美丽、希望与永恒的化身。然而，《医院》里的白色却是苍白，是虚空情绪和垂死氛围的视

① 指 1856 年克里米亚战争发生后到 1878 年保加利亚民族解放战争这段历史时期。

觉呈现，给人一种绝望的恐怖感。所有白色的物件都象征着生命的终结以及这一终点的不可避免性。其中，白色的床单还象征着“不育”（Стойкова，2002a：221），在这部诗作中或许所指并非生理上的，而是精神上的“死而无后”，在肉体湮灭之后人的存在本身也被完全抹去，融入静态的、沉寂的白色空间之中。诗歌中城市医院的空间画面还使人联想到科幻或超现实主义电影中人物身处白色密闭房间的场景，白色的平静假象使人眩晕，眼神变得空洞，失去逃生的希望，肉体任凭命运处置。

人类躯体是丑陋的：是“黑色秃枝”，是扭曲僵硬、了无生息的“罹病微笑”，是呆滞着望着往生世界的双眼；是苟延残喘的躯壳，是承载苦痛的容器——这是波德莱尔[1]式的肉体苦痛审美，在保加利亚文学中并不常见。但这一场景的观察者并不感同身受也不触碰，只是用笔记录下了一个个镜头，像一个终生行医之人的目光，对于人生的庸碌和苦难已经麻木，躯体无论美丑只不过是一摊肉，无论是肉体的苦痛还是精神的湮灭都不过是普通的一桩桩生老病死。

玻璃窗上，不知何时来过的苍蝇留下了污渍，雨滴裹挟着灰尘留下一道道沟壑——那人呢？什么痕迹能证明一个人曾经存在？人在医院的病床上出生，又在病床上逝去，时间没有改换节奏，世界也不会因此变化，床单也会马上被换洗得洁白如新，个体的一生瞬间便滑入了历史的缝隙。而从另一个角度来思考，病床上奄奄一息的人看着窗上的污垢时，会不会想到自己这一生对于这个世界来说，和苍蝇、灰尘并无二致？

直到最后两行诗句，画面才终于有了一点动静：全诗唯一发出声音的是墙上的大钟，真正在动的只有时间，生命的尽头等待一个人的只有死神，人生唯一的终点是死亡。叔本华关于生命的虚无与苦痛的悲观主义思考，似乎就是《医院》空间的背景乐。

达尔切夫的诗是反传统的，脱离传统文化和民族宗教的土壤，颠倒经典的文学意象，进而思考人存在的意义，富有现代性审美。人的精神世界被剥离，人的存在被物化，人的有限性在死亡和时间的永恒面前被完整地暴露出来，人

① 夏尔·皮埃尔·波德莱尔（1821—1867），法国诗人，浪漫主义、象征主义诗歌先驱，代表作为《恶之花》。波德莱尔在诗歌中大胆描绘官能享乐场景和污秽丑恶事物，以此展现社会的病态和人性的阴暗面。

对生命贫瘠以及无所不能的死亡的恐惧渗透在字里行间。而这一份恐惧，以及如《恶之花》一样丑陋、扭曲的肉体描写，其实是延续着表现主义画家爱德华·蒙克（Edvard Munch）的《呐喊》式恐惧这一精神内核的。所以前文才强调，达尔切夫诗歌的文字表层有着冷峻的距离感，但仅是在形式上反表现主义；一战后个体对人生的空虚茫然，乃至对人类命运和所谓文明世界的失望与彷徨，仍然是诗歌内里主要的驱动力。

3 被物囚禁的《老姑娘们》

人的存在随着诗人创作发展而从诗歌世界中缓慢退场，在本文最后一首案例诗《房间》中实现了物体对人的全面掩盖，但在以《医院》以及下面要解析的《老姑娘们》为代表的早期诗作中，物与人仍旧同步存在，物体承担着“传达出处境的悲剧性的心理评论家”（Колева，2003）这一角色的功能。保加利亚文学批评家科列娃认为，这是对日常现实世界的一种“恶魔化”（диаболизиране，diabolising）：看起来平静的、诗意的、没有攻击性的周遭事物其实欺骗性地给人创造出一种安稳地存在着的假象（Колева，2003）。表面上看是映射着人的情绪，但实际上物体根本不是以人的价值判断而存在的。要是给予最为日常和普通的物件足够的尊重，去观察或倾听，会发现它们相较于人要平静、稳固得多的存在状态实际上无时无刻不在诉说着时间的无情与人注定的死亡。达尔切夫对物的主动性的呈现，在《老姑娘们》一诗中最为显著。

Старите моми	**老姑娘们**
Ръцете бавно се протягат	手臂缓缓伸展
и пее старият чекрък,	年迈的纺车吟唱，
през сухите и тънки пръсти	干柴纤细的指间
се точат нишки от коприна	丝线流淌，
като лъчи през сухи клони	就像光线照过枯枝
във пуста есенна градина:	在秋天荒芜的花园：
то старите моми безстрастно	老姑娘们面无表情
предат, насядали във кръг.	织着，围成一个圈。

Те не говорят и не питат,	她们不言不语也不问，
а всички сведени мълчат,	都低垂着头沉默着，
въртят безспирно колелото	绳轮转动一刻不停
и слушат скръбната му песен,	她们听它唱忧伤的歌，
от сутринта в студени стаи	从清晨起就在阴冷的房间
над стария чекрък надвесени,	弯着腰垂在年迈的纺车之上，
и ето вече по стъклата	而现在看那玻璃窗啊
догаря най-подир денят.	这一天终于燃尽了。

О, старите моми печални,	噢，忧伤的老姑娘们，
които чакат вечерта,	等待着夜晚来临，
за да отдъхнат в сън най-после	才终于能在梦中叹息
и почнат утре освежени!	再打起精神迎接明日！
Те имат тук едно богатство:	她们在这有一个财富：
то са косите посребрени,	那就是满头的银丝，
а в техните сърца-саксии	而她们内心的花盆里
цъфтят цветята на скръбта.	悲伤的花朵盛放着。

Печалните моми що искат?	忧伤的姑娘们想要什么呢？
Каква надежда ги зове?	什么样的希望在心头召唤？
Нима ще трябва да загинат,	难道就该这样逝去，
без радостта да ги споходи?	没有喜悦萦绕心间？
Ах, старите моми очакват	啊，老姑娘们期盼着
накрай женихът им да дойде,	情郎终将来到身边，
последният жених да дойде	最后一个情郎来到
и скъса нишката надве.	斩断丝线。

（詹彦怡 译）

在《老姑娘们》一诗中，时间和死亡也化身为各种各样的形态出现。然而，比起《医院》中时间的流逝与死亡的逼近所带来的惶惶不安，更多的是在无尽的日复一日、循环往复中岁月悄然流逝的虚无与惆怅。“老姑娘们”和《医院》里的病人一样，在死亡面前十分无助。她们的愿望几乎已经不太可能实现，唯一能够陪伴她们逝去的只有死亡本身。两首诗在主题上十分相似，都在描述生命如何是一场缓慢的死亡。

她们的肢体同样也不美丽。枯枝一般的指尖与医院病人如秃枝一样的黑色手臂形成互文关系——达尔切夫作品中的人总是像枯木一般干瘦无力、静默呆滞的存在。诗中老姑娘们的动作缓慢得几乎要静止了：“手臂缓缓伸展”“面无表情织着”“不言不语也不问，都低垂着头沉默着”等等。与之相比，物品的存在感和动感则要强得多：纺车和绳轮唱着歌，丝线是放射出来的，日子是主动燃尽的。更有三处，物品的主动性超过了人。第一处为：“干柴纤细的指间 / 丝线流淌，/ 就像光线照过枯枝 / 在秋天荒芜的花园”。人类的手指犹如秋天荒芜花园里的枯枝，但丝线却如同光线穿过枝丫，在指尖流淌着。第二处是：“弯着腰垂在年迈的纺车之上”。保语原文中表达“垂着”意思的词语（*надвесени*）常用于植物或者家具，这里形容的却是老姑娘们的躯体，仿佛她们才是装饰在纺车上的物件，而纺车才是有生命的，年迈但是有活力的，唱着歌的。最后一处：“最后一个情郎来到 / 斩断丝线”。老姑娘们是希望会有心爱的人出现，把她们从日复一日、苦闷麻木的生活中解救出来，让她们的眼前不再只有越来越靠近的生命终点。而希望情郎过来做的事情便是将丝线斩断，才能给她们自由与幸福，仿佛是手里的丝线束缚着她们，将她们困在重复、单调、虚无的生活琐事之中——这一处也体现出物体对人的禁锢与控制。

虽然物品们还是起着前文提到的“传达出处境的悲剧性的心理评论”这一功能——“年迈的纺车”映射出主人公们的衰老，“忧伤的歌”烘托出人物内心的忧伤，但与物品相比，人物反而十分被动、了无生气——这也是所谓的日常之物的“恶魔化”，形成了物与人的主客倒置。从描述物对人的驾驭这一方面，可以看出达尔切夫的哲学思考，不愧其“哲学家诗人”的美名。“物的问题是哲学也是人类自身所面对的一个最为基本的问题，鉴于人本身是有限的，它不像神那样能够直接地创生出存在物，而是命运般地依赖于外部的物而存在，由此它如何‘能够’依赖物，如何‘建立’与物的关系，以及如何‘对待’物，对于人本身乃至人类的命运来说就是性命攸关的”（张进，李日容，2018：136）。

4 没有人的《房间》

传统上，外部实在世界之于人类内部意识来说是严格的客体，是被凝视与观察的对象。而以海德格尔为代表的 20 世纪哲学发生了“物转向”，提供了以“存在论”的方式来认识物的新视角，进行“源初存在”之物与终有一死的人之间的对比，思考人与物的共生，探讨人与现实世界的关系以及存在的意义。达尔切夫的存在主义思考与即物主义表现手法在下面《房间》一诗中展现得淋漓尽致。

Стаята	**房间**
Би казал, че във тази стая	我想，这个房间
не е живял отдавна никой,	已很久无人居住，
че е заключена стояла	因为房门
с години нейната врата.	经年锁闭。
Тук има миризма на вехто	这里有陈年的气息
и прах по всичките неща,	还有所有东西的粉尘，
тук бавно времето превръща	这里时间似乎正缓慢地将一切
във прах безжизнен сякаш всичко.	变成没有生命的灰烬。
В ъглите расне неусетно	角落里悄悄地长起了
вечерната дрезгавина	夜晚的暮光
и вехне есенното слънце	秋天的太阳也枯萎在
върху килимите на пода,	地板的地毯上，
а светят жълти зимни дюли,	黄色的冬日的木梨闪耀着
наредени върху комода	在五斗柜上陈列
като голяма броеница	像是一条巨大的
от кехлибарени зърна.	琥珀珠串。

Какви лица ли отразило	镜子又妒忌地
ревниво пази огледалото?	藏着哪些映照过的脸庞?
То сякаш е един прозорец,	它好像是开向
отворен в друг предишен свят.	另一个过去世界的窗。
Часовникът е вече млъкнал	时钟已经沉寂
и в неговия чер ковчег	在它的黑色棺材里
лежат умрели часовете	躺着死去的时刻们
и неподвижно спи махалото.	钟摆也睡着一动不动。
Портрети на жени, които	画像里的女人们
са си отишли от света,	已经辞世,
висят, от слънце пожълтели,	还挂在墙上,
окачени върху стената,	被太阳照得发黄,
заспала тежко върху пода,	寂静它在地板上沉沉睡去
сънува в здрача тишината	在暮色中做梦,
и цялата печална стая	整间忧伤的房间
залязва бавно с вечерта.	也缓慢地沉入夜中。

(詹彦怡 译)

《房间》发表于1925年,在这篇与《医院》和《老姑娘们》相隔两年的创作中,人已经从达尔切夫的诗歌空间中销声匿迹。对房间的描绘是“马赛克式”(Стойкова,2002b:217)的,一件一件地对封闭空间里陈旧的日常物品进行详细描绘,好像把它们一件一件都压在读者眼前,让人难以呼吸。达尔切夫笔下的医院、纺屋和房间都是封闭的空间,但房间似乎更令人窒息,因为房门不仅是关闭的,而且已“锁闭经年”。家作为心灵的避难所,住所的门,本应是将所居之人从残酷冷漠的外界保护起来的屏障,但在本诗中却使得孤单的灵魂进一步地进行自我疏离,并且房屋的主人已经被毁灭性的时间所吞噬,和其他事物一样逐渐化为灰烬。封闭空间是一种生命被囚禁悲哀之感的隐喻,是一种人无法战胜生存苦难、无法与“屋外”世界和自然美好相融的创伤经验的表达。

在《房间》里,一切都是缺失生命的:没有人居住的房间,没有映像的镜子，没有了香味的木梨（因为已经放着好几年），没有了动作的钟摆，没有了生命的女人们，没有声音（寂静）。甚至说时间的代言人——时钟都不出声了，不像《医院》墙上的大钟还敲着死神的脚步。但即便是这样，时间也还是在一刻不停地向前奔流，使得一切成灰。死去的时刻躺在黑色的时钟棺材里，象征着度过的每一分钟都在走向死亡，是对存在本身的诗意的绝望。

房间里的所有物品都是三维立体的，但是能够体现出人的存在的镜子以及画像却都是平面的，甚至说镜子里已空无一物，但物品却还都结结实实地存在着。如果没有墙上的画像，还有什么能证明房间的主人曾经存在过呢？对无人房间的描写处处渗透着对人之存在的孤单、疏离、主体精神的脆弱性，肉体缓慢的、单向的、无可避免的堙灭，以及精神的和社会性的死亡的感叹。前文提到，如果在即物主义思潮内按照创作风格细分，有一类被称为丰碑式即物主义或经典即物主义，创作者注重表现被描绘物的冷峻和静态，带有魔幻现实主义特征，部分源于意大利形而上学绘画（The Editors of Encyclopaedia Britannica，2019）。达尔切夫的诗歌也具有类似的特征，因为他善于将所描绘的对象（物品或物质化特征强烈的人）沉浸在超现实的氛围中，萦绕在孤独、疏离、存在主义的思考以及形而上学的恐惧之中。

王炳钧（2019：75）在《人与物的关系演变》一文中引用了德国文化学者波默（Jakob Böhme）所描述的人无法摆脱的悖论：“所有的文化能量都用于将物转化为精神，以便象征地或现实地获得它们；而与此同时精神又想变成物，以便分享物的不朽性。”这一论断很好地描述出了达尔切夫眼中的现实世界。近在眼前的死亡是恐怖的，时间的灰烬是惊心动魄的，日常生活的乏味和虚无是令人窒息的，对人存在本质的思考是痛苦的。存在着的人不知道怎样才能证明自己的存在，生发出无尽的虚无感，因而移情于物，因人生有限而寄献于物的无限性、永恒性和稳定性，试图分享物的永恒，希望人生中的一些碎片能够作为物被留下，至少留存得更为久一些。但这些强烈的悲怆情感在达尔切夫的诗中却变成了对客观现实世界抽离的、理性的、悲观主义的“冷眼旁观”。但也有保加利亚学者认为，虽然其诗强调人终有一死，展现出肉体的丑陋、精神的自我封闭、活得形同物件，但始终没有否定人的灵魂；甚至说，人只要思考存在的意义，思考自身与物的关系，对存在有敬畏，对死亡有恐惧，就是仍然怀有对生活的希望，不是完全悲观的（Алипиева，1998）。

5 结语：时间，人生意义和存在主义诘问

因为地处欧洲文化圈的边缘，再加之奥斯曼土耳其帝国五百年的统治，从文艺复兴时期开始，包括保加利亚在内的整个巴尔干半岛文学艺术浪潮的涌动似乎总是滞后的。1876 年，保加利亚从奥斯曼土耳其帝国的统治下解放出来，其文学开始吸收西方的新文学思想，引入了许多新的创作形式。1913 年巴尔干战争结束后，象征主义思潮漫进保加利亚思想和艺术界，哺育了佩约·雅沃洛夫（Пейо Яворов）、迪姆乔·德贝良诺夫（Димчо Дебелянов）等一批象征主义诗人，留下了一系列曼美诗作，流传至今成为经典，保存着迷茫时代的记忆。但一战之后，达尔切夫诗中的即物主义世界观却神奇地与西方文学达到了思想上的共振，“尽管青年达尔切夫本人可能都没有听说过（即物主义）这一个词汇”（Аврамов，2019）。同样面对着人类文明何去何从的怅惘，达尔切夫选择揭下精巧的薄纱——摈弃华丽的辞藻与隐晦的情感，选择直视现实——看向苦难，看向生命赤裸贫瘠的真相，看向对死亡与生存本身的恐惧，写出思考存在之本质时的不安与颤栗。

时间是达尔切夫诗歌中出场频次最高的元素。达尔切夫非常善于写时间，有从人衰老的躯体、老旧的物件、日出日落或候鸟迁徙中侧面在场的时间，也有直接描写的时间，如时刻不停地摇动着的钟摆、如同死神脚步的钟声，甚至是象征着时间本身已经死亡的停摇的钟摆。达氏诗歌的空间是静谧、封闭、窒息的，一切生命力均缺席其中：没有活力的躯干，没有映像的镜子，没有花的花盆[①]，没有画面的画像，没有人住的家……在这些空间和意象背后是**存在主义的哲学思辨**：因时间流逝的痕迹与声响无处不在而恐惧死亡的必然来临，看物的永恒叹人生的有限，像抓住救命稻草般寄情于物却发现是徒劳，发现长久以来作为被凝视对象的周遭物体其实反映着人的脆弱与人生的短暂，由而生发出**物转向**与**恶魔化**的审美意蕴。

然而诗人冷峻的笔触与绝望的意象背后，实际上是锲而不舍的、对人之存在意义的诘问，就像说存在主义本质上是一种人道主义——越是阐发出证明人

① 来自本文未涉及的达尔切夫的诗作《恶魔的》（*Дяволско*，1927）。

生意义的荒谬，越是对贫瘠庸碌和人生苦难的宣战。在20世纪初的保加利亚文坛中，达尔切夫看似独一无二，但如果将其创作风格结合时代背景，不难发现在看似“反传统”、反情感的即物主义表现手法之下，诗人仍然密切关照着人文和社会问题——20世纪20年代，一战前对人类前途的彷徨与迷茫已经在战争的催化下转变为对人类未来的幻灭，在同样的历史处境中，达尔切夫与西欧的思想者们同步开始了对文明脆弱性的反思，以及对存在意义的探索。在两次巴尔干战争和一战的阴霾笼罩下，诗人或许感受到，象征主义的朦胧是一种避世，表现主义的呐喊也无济于事；须要回到现实，重新关注周遭质朴的日常事物。或许在盯着静物思考存在的本质时，不得不触碰超现实的恐怖：寻找人生意义，发现终点总是死亡，过程总是磨难，但这反而能生发出一种向死而生的生命力量——如果活着就是渡过苦难，那日常的一点阳光和简单幸福皆是馈赠；人生既是一瞬，也没有什么能比死亡更可怕。

参考文献

The Editors of Encyclopaedia Britannica, 2019. *Neue Sachlichkeit* [OL]. [2023-05-25]. https://www.britannica.com/art/Neue-Sachlichkeit.

Алипиева, А. 1998. *Раждащата смърт* [OL]. [2023-04-13]. https://liternet.bg/publish/aalipieva/chetene/razhdashtata.htm.

Аврамов, Д. 2019. *„Нова предметност“ в България* [OL]. [2023-05-25]. http://kultura.bg/web/%D0%BD%D0%BE%D0%B2%D0%B0%D1%82%D0%B0-%D0%BF%D1%80%D0%B5%D0%B4%D0%BC%D0%B5%D1%82%D0%BD%D0%BE%D1%81%D1%82-%D0%B2-%D0%B1%D1%8A%D0%BB%D0%B3%D0%B0%D1%80%D0%B8%D1%8F/.

Колева, Р. 2003. *Обречеността на човешкото съществуване в “Болница” на Атанас Далчев* [OL]. [2023-05-25]. https://liternet.bg/publish9/rkoleva/dalchev.htm.

Стойкова, М. 2002a. Проникване в мъртвината в името на живота (Анализ на Далчевото стихотворение „Болница“) [M]. In *120 литературни разработки (2 част)*. Литерайко: 220-225.

Стойкова, М. 2002b. Далчевото стихотворение „Стаята“ [M]. In *120 литературни разработки (2 част)*, Литерайко: 217-219.

方婉祯，2019. 跨文化现代性 [J]. 现代中国文化与文学（1）：274–285.

王炳钧，2019. 人与物关系的演变 [J]. 外国文学（6）：74–83.

杨四平，2002. 论从西方“即物主义”到中国“新即物主义”的变迁——里尔克与李魁贤之比较 [J]. 涪陵师范学院学报（1）：5–16.

张冠群，2018. 分析德国新客观主义画派 [D]. 南京艺术学院 .

张进，李日容，2018. 物性存在论：海德格尔与拉图尔 [J]. 世界哲学（4）：135–143.

作者简介

詹彦怡，硕士，北京外国语大学欧洲语言文化学院保加利亚语专业助教，北京外国语大学外国文学研究所英语语言文学专业博士研究生。研究方向：保加利亚及中东欧地区文学，社会与文化研究，文学理论研究。电子邮箱：zhanyanyi@bfsu.edu.cn

欧洲国家对罗姆人族群身份认定问题探析

杨友孙 尹春娇

摘要：罗姆人是欧洲最边缘化的少数群体，虽然欧盟、欧洲委员会等机构非常重视罗姆人群体保护，但对其保护效果却一直不尽如人意，其中一个重要原因是罗姆人的少数群体地位问题并未得到解决。在罗姆人族群身份的认定方面，欧洲国家可以分为三类：承认罗姆人为“少数民族”或“少数族群”；事实认可罗姆人作为“少数群体”的存在；否认罗姆人乃至所有少数群体的存在，漠视罗姆人的任何集体身份，仅从个体身份的角度待之。大体看来，对罗姆人承认程度越高的国家，对罗姆人的保护相对更好一些。不过，从目前看，承认罗姆人为少数群体，主要在罗姆人的政治地位、文化差异性保护方面产生了积极效果，而未在改善罗姆人的日常生存状况方面产生明显效果。

关键词：罗姆人；少数民族；少数群体；特别保护；优惠政策

少数民族的界定和认定是两个相互联系，又存在明显区别的问题。在欧洲，虽然存在着众多少数民族保护的机构和制度，但均未对“少数群体”（minority）、“少数族群”（ethnic group, ethnic minority）、“少数民族”（national minority）[①] 进行权威界定，更未对哪些群体属于“少数群体”“少数族群”或“少数民族”进行认定，而是将这两个问题留给各国政府。

由于欧洲各国国情和族情存在较大差异，在界定和认定少数群体时，各国差异很大。欧洲委员会（Council of Europe）在1994年11月10日出台了有约束力的《欧洲少数民族保护框架公约》（*The Framework Convention for the Protection of National Minorities*，以下简称《框架公约》），使“少数民族”保护标准开始高于宗教少数群体、语言少数群体、少数族群等其他少数群体。对于后三

① 一般认为“少数群体”（minority）通常包括“语言少数群体”（linguistic minority）、“宗教少数群体”（religious minority）、“少数民族”（national minority）、“少数族群”（ethnic minority, ethnic group）、“少数种族”（racial minority）等，本文主要涉及“少数民族”和“少数族群”。

类少数群体的保护，相关文件主要包括:（1）1950年出台的《欧洲人权公约》（*European Convention on Human Rights*），该公约从个体人权保护机制中发展和延伸出对这些群体的保护，因而保护力度相对有限;（2）《欧洲区域或少数民族语言宪章》（*European Charter for Regional or Minority Languages*，以下简称《宪章》），《宪章》虽然对一些区域和少数语言进行了保护，但这个文件仅仅是无约束力的“宪章”性质的文件，仅有道义上的约束力;（3）欧盟《种族平等指令》（*the Race Equality Directive*）、《欧洲社会宪章》（*European Social Charter*）、联合国《消除一切形式种族歧视国际公约》（*Convention on the Elimination of All Forms of Racial Discrimination*）、《在民族或族裔、宗教和语言上属于少数群体的人的权利宣言》（*Declaration on the Rights of Persons Belonging to National or Ethnic, Religious and Linguistic Minorities*），这些文件也能对欧洲少数群体保护提供一些间接的弱保护。但是，如果“罗姆人”（Romani）不能构成一个“少数群体”，那么他们将得不到上述几乎所有对少数群体的特别保护。因此，罗姆人集体族群地位认定问题对于保护其身份、改善其处境至关重要。

1　罗姆人族群身份认定问题的提出

罗姆人、犹太人、穆斯林均为泛欧少数群体，而罗姆人又是欧洲人数最多、最弱势的少数群体，罗姆人问题具有强烈的“欧洲性”。国内外对罗姆人研究十分丰富，但普遍忽视了一个源头性问题——罗姆人作为少数群体的集体身份认定问题，而将“罗姆人是少数群体”作为一个已默认了的前提。但这个“前提”其实并不成立——至少不完全成立，因为一半以上的欧洲国家未在法律上承认罗姆人的“少数民族”地位，即使法律上承认了的国家，也往往附加一些条件。

欧洲委员会是关注罗姆人的最重要的组织。冷战期间，虽然欧洲委员会议会（The Parliamentary Assembly of the Council of Europe，PACE）出台了一些保护罗姆人的文件，但它只关注了“优惠政策”，而未涉及“特别保护”问题。[①] 冷战结束之后，欧洲委员会逐渐开始关注罗姆人的“特别保护”问题，即加强了

① “特别保护”是旨在加强特殊群体的文化、身份认定的政策，它具有长期性;“优惠政策”是旨在加强特殊群体的事实平等的措施，它可能持续较长时间，但不是永久性的。

对罗姆人的少数群体身份的关注。1990 年的“1134 号建议”指出，作为欧洲极少数的非地域性少数群体之一，吉普赛人[①]需要特别保护（PACE，1990）。此后，欧洲委员会议会大会又先后发布三个相关文件，即 1993 年“1203 号建议”（PACE，1993）、2002 年“1557 号建议”（PACE，2002）和 2010 年“1740 号决议”（PACE，2010）。

其中，1993 年“1203 号建议”指出，吉普赛人是欧洲真正的少数群体，但并不符合“少数民族”或“语言少数群体”（linguistic minorities）的定义；尊重吉普赛人的权利，个人权利、基本权利、人权以及他们作为少数群体的权利对于改善他们的处境至关重要（PACE，1993）。2002 年“1557 号建议”指出，罗姆人具有“双重少数群体”身份：特殊的少数群体和社会弱势群体。然而在法律上，并非每个欧洲委员会成员国都将罗姆人视为“少数民族”或“少数族群”，这使罗姆人不能在所有国家都享有与该地位相关的权利。对此，欧洲委员会议会大会建议，罗姆人必须被视为少数民族或少数族群，他们的少数群体权利必须得到保障，受到《框架公约》和《宪章》相关政策的保护（PACE，2002）。2010 年“1740 号决议”指出：罗姆人是欧洲最大的少数群体，几乎遍布欧洲委员会的所有成员国；欧洲委员会敦促所有的成员国，不仅要将罗姆人视为社会弱势群体，也应视为享有《框架公约》权利的少数民族（PACE，2010）。在此决议中，欧洲委员会强调，罗姆人应被视为“少数民族”而非“少数群体”。

在欧洲委员会的影响下，现在部分国家接受了罗姆人为“少数民族”或“少数族群”；一些国家未正式承认其“少数民族”或“少数族群”地位，但事实上仍然进行一些保护；也有的国家仅仅将他们视为“弱势群体”；有的国家甚至将他们视为短期存在的“移民”，而未给予任何特别保护或优惠政策。这种差异使罗姆人在不同欧洲国家处境差异极大，而学术界尚未对该问题进行专门研究。

① 1971 年，第一届世界罗姆人大会宣布，以后统一采用“罗姆人”称呼，而放弃“吉普赛人”“辛提人”“旅居者”这些称呼。不过，外界接受“罗姆人”一词经历了较长时间，直到 21 世纪之后，大多数国际组织和国家才基本采用“罗姆人”这一称呼，但仍有国家或地区有时使用其他称呼。

2 欧洲国家对罗姆人集体身份认定

1981 年，欧洲委员会地方与地区大会就呼吁成员国承认罗姆人为少数民族，并给予他们“与其他少数民族享有的同等地位和优势，特别是在尊重和支持他们自己的文化和语言方面”（Congress of Local and Regional Authorities of Europe，1981）。1992 年的《宪章》明确提到罗姆语是一种非区域语言，《宪章》的某些部分可适用于它。1993 年，欧洲委员会议会呼吁设立“欧洲罗姆语研究方案和专门从事该语言的翻译局”，并建议“《宪章》中关于非区域语言的规定应适用于吉普赛少数民族”（PACE，1993）。

然而，如何认定包括罗姆人在内的少数群体，欧洲层面机构仅提供了基本原则，它最终需要依赖于各国的政策。欧洲国家对罗姆人族群身份认定主要分为三类。

（1）正式认定为“少数民族”“少数族群”或“族群”等。这类国家主要通过法律、文件正式确立罗姆人作为少数民族或少数族群的地位，主要包括克罗地亚、北马其顿、波兰、匈牙利、捷克、波黑、罗马尼亚、塞尔维亚、黑山、斯洛文尼亚、瑞士、瑞典、芬兰、荷兰、奥地利、德国、挪威、英国等国家，其中，中东欧国家稍多一些（10/18）。例如，芬兰宪法第 17 条指出，“作为土著人民的萨米人，以及罗姆人和其他群体，有权保持和发展自己的语言和文化”（Finland's Government，1999），这可以被理解为正式承认罗姆人为少数族群，芬兰正是从这个框架出发出台罗姆人保护政策。波兰 2005 年出台的《少数族群、民族与地区语言法》将罗姆人确定为“少数族群”（Parliament of Poland，2005）。荷兰仅确定弗里斯兰人为“少数民族”，享有《框架公约》所覆盖的权利；同时，根据“1983 少数群体政策”，荷兰还确定了包括罗姆 / 辛提人在内的 14 个群体为“少数群体”（Guiraudon et al，2005）。匈牙利 1993 年出台的《少数民族与族群权利法》（*Act LXXVII of 1993 on the Rights of National and Ethnic Minorities*）列举了 13 个“少数民族与族群”（national and ethnic minorities），罗姆人为其中之一（Hungarian Parliament，1993）。根据 2001 年 7 月出台的《关于少数民族成员权利及对一些法案的修改之第 273/2001 号法案》（*Acts No. 273/2001 on Rights of Members of National Minorities and Amendment of Some Acts*），捷克认定了包括罗姆人在内的 14 个“少数民族”。德国政府承认“丹麦人”“索布人”为“少数民族”，而“弗里斯兰人”“辛提人及罗姆人”为“少数族群”。斯洛文尼亚将少数群体划分为三类：土著民族群体（autochthonous national communities），土著罗姆人（autochthonous Roma），其他少数群体。根据 1991 年斯洛文尼亚宪法及 2007 年《罗姆群体法》（*Roma Community Act*），罗姆人享有“法律规定的特殊权利”，主要集中在教育、文化发展、生活环境保护方面。根据波黑 2003 年《少数民族权利保护法》，罗姆人被列为 17 个“少数民族”之一。1991 年北马其顿宪法列举了 6 个少数民族，罗姆人是其中之一。英国稍稍有点特殊，1976 年的《种族关系法》（*Race Relation Act*）将罗姆人确定为“种族群体”（racial group）。

（2）事实上承认罗姆人为少数群体。这类国家未在法律或制度中正式认定罗姆人为少数群体，但在人口统计、罗姆人融入政策、弱势群体资助政策或领导人讲话中，“知晓”罗姆人的事实存在。这些国家会出台一些推动罗姆人融入社会的政策或优惠政策，但一般不对其文化差异性进行特别保护。这类国家主要包括爱沙尼亚、斯洛伐克、拉脱维亚、立陶宛、保加利亚、摩尔多瓦、俄罗斯、白俄罗斯、丹麦、西班牙、葡萄牙、爱尔兰、比利时、希腊。例如，斯洛伐克虽未正式承认罗姆人为少数民族或少数族群，但根据斯洛伐克“少数民族文化资助计划 2015—2017”，包括罗姆人在内的 10 多个少数民族获得了资助（Slovak Government，2019）。丹麦只承认南日德兰（Southern Jutland）的德意志人享有“少数民族”地位，享受《框架公约》的保护，而犹太人、格陵兰因纽特人、法罗人、罗姆人只是事实上存在的少数群体，尽管这受到《框架公约》咨询委员会的批评，但丹麦未进行改进（Minority Rights Group International，2007）。西班牙虽然承认加泰罗尼亚人、巴斯克地区的尤斯卡迪人（Euskadi）、加利西亚人、安达卢西亚人等“民族”（nationality）的存在，但“民族”不包括罗姆人。西班牙在签署《框架公约》时声明：愿意按照该公约的要求保护具有西班牙公民身份的罗姆人 / 吉普赛人，尽管罗姆人 / 吉普赛人并非“少数民族”（Spain Government，1995）。这可以视为事实承认罗姆人 / 吉普赛人为少数群体。因此，西班牙出台了一些针对罗姆人的融入政策及优惠政策，例如 2012 年出台了“西班牙罗姆融入战略 2012—2020”，2021 年 4 月出台了“推动罗姆平等、融入与参与国家战略（2021—2030）”。

葡萄牙也强调：一些事实上的社会少数群体（de facto social minorities），不受《框架公约》的保护（Portugal Government，2004）。根据2011年的人口统计，葡萄牙事实上存在的少数群体包括亚速尔群岛人（Azoreans）、马德拉人（Madeirans）和罗姆人等，葡萄牙政府也出台过“罗姆群体国家融入计划2013—2020”。

（3）否认罗姆人作为少数群体存在。这类国家否认存在任何少数群体（minorities），或者否认存在着罗姆人，主要包括法国、意大利、卢森堡、塞浦路斯等国家。法国以“公民主义模式”著名，早在大革命时期，法国就试图建立一个“由个人而非由阶级组成的大协会，这个协会对其成员一视同仁，决不分三六九等”（罗桑瓦龙，2012：5）。在这样一个社会中，“国家成了每个个体成员效忠和归属的对象，多元的族群或宗教集团降到了次级组织的地位上，公民身份、对法律的服从高于其他任何身份和团体”（常士訚，2019：93）。根据这个思路，法国在法律上和事实上均未承认罗姆人为少数群体，也未应欧盟要求出台罗姆融入战略，而是在一些社会融入计划、反贫困计划中将处于边缘和弱势地位的罗姆人涵盖在内。卢森堡情况和法国类似。意大利仅承认存在语言少数群体而拒绝承认存在少数民族或少数族群，从而避免在语言之外出现更强的族群或民族身份认同。根据1947年宪法和1999年《历史性语言少数群体保护法》（*the Protection of Historical Linguistic Minorities in Italy*），意大利确立了需要法律保护的12个“历史性语言少数群体”，但并未涵盖罗姆语。塞浦路斯承认具有塞浦路斯公民身份的亚美尼亚人、马龙派教徒（Maronite）和拉丁（罗马天主教）宗教团体为“少数群体”，罗姆人则不被视为少数群体，而是土耳其塞浦路斯人的组成部分（Cyprus Government，2019），因而没有单独针对罗姆人的融入战略或优惠政策。

3 欧洲国家对罗姆人保护的差异

尽管欧洲委员会、欧盟在保护和支持罗姆人方面都进行了持续努力，但罗姆人在就业、社会地位、收入等经济社会方面的处境并没有明显改变。这并不意味着对罗姆人的不同承认方式和承认程度对罗姆人的发展影响不大，而是应该理解为，对罗姆人的三类认定方式带来了对罗姆群体的不同保护层级，给罗姆人带来的影响目前主要体现在政治参与、罗姆人权利保护、罗姆群体的政治地位等方面，而罗姆人生活水平的明显提高还需要多因素的长期作用才能有效。下面从罗姆人受到《框架公约》保护情况、罗姆语受到《宪章》的保护情况、罗姆人融入战略情况、罗姆人政治参与情况（主要包括罗姆政党发展状况、其他推动罗姆人政治参与的机制）等四个方面来对这三类国家进行比较。这四个方面分别可以代表不同国家对罗姆人群体或所有少数群体保护的政治意愿、对文化差异性的特别保护、优惠政策、政治参与等方面的差异。为了控制“欧盟因素”对欧盟成员国和非成员国产生的不同影响，故仅取上述国家中的欧盟成员国进行比较。通过搜集相关数据和信息，得到表 1。

表 1　欧洲三类国家（欧盟 26 国）对罗姆人保护差异一览表①

类别	国家	签署、批准《框架公约》情况 + 罗姆人是否受到该公约保护[a]	签署、批准《宪章》情况 + 罗姆人是否受该宪章保护[b]	是否有单独的罗姆人融入战略[c]	罗姆政治参与（主要包括罗姆政党发展与其他罗姆人参政机制）
第一类	克罗地亚	已批准 + 是	已批准 + 是	是	存在个别罗姆政党
	波兰	已批准 + 是	已批准 + 是	是	无罗姆政党

① 注：本表为作者自制。资料来源：

a. State parties to the Framework Convention for the Protection of National Minorities, https://www.coe.int/en/web/minorities/etats-partie; Reservations and Declarations for Treaty No.157-Framework Convention for the Protection of National Minorities, https://www.coe.int/en/web/conventions/full-list?module=declarations-by-treaty&numSte=157&codeNature=0, Country-specific monitoring of the implementation of the Framework Convention for the Protection of National Minorities, https://www.coe.int/en/web/minorities/country-specific-monitoring.

b. Signatures and ratifications of European Charter for Regional or Minority Languages, https://www.coe.int/en/web/conventions/full-list?module=signatures-by-treaty&treatynum=148; Yaron Matras, The status of Romani in Europe, report submitted to the Council of Europe's Language Policy Division, October 2005, https://romani.humanities.manchester.ac.uk/downloads/1/statusofromani.pdf.

c. European Commission: Roma equality, inclusion, and participation by EU country, https://commission.europa.eu/strategy-and-policy/policies/justice-and-fundamental-rights/combatting-discrimination/roma-eu/roma-equality-inclusion-and-participation-eu-country_en.

（续表）

类别	国家	签署、批准《框架公约》情况+罗姆人是否受到该公约保护	签署、批准《宪章》情况+罗姆人是否受该宪章保护	是否有单独的罗姆人融入战略	罗姆政治参与（主要包括罗姆政党发展与其他罗姆人参政机制）
第一类	匈牙利	已批准+是	已批准+是	是	有多个参与议会选举的罗姆政党+罗姆人享有“文化自治”权
	捷克	已批准+是	已批准+是（仅适用于《宪章》第二部分）	是	有多个参与议会选举的罗姆政党
	罗马尼亚	已批准+是	已批准+是（仅适用《宪章》第二部分）	是	有多个参与议会选举的罗姆政党+罗姆人享有议会保留席位。
	斯洛文尼亚	已批准+是	已批准+是	是	无罗姆政党+在地区政府中设有罗姆市政议员
	瑞典	已批准+是	已批准+是	是	无罗姆政党
	芬兰	已批准+是	已批准+是	是	无罗姆政党。
	奥地利	已批准+是	已批准+是	否（罗姆人融入是社会融合政策的一部分，下同）	无罗姆政党
	德国	已批准+是	已批准+是	是	无罗姆政党
	荷兰	已批准+是	已批准+是（仅适用《宪章》第二部分）	否	无罗姆政党
第二类	爱沙尼亚	已批准+是	未签署+否	否	无罗姆政党
	拉脱维亚	已批准+是	未签署+否	否	无罗姆政党+罗姆文化自治

（续表）

类别	国家	签署、批准《框架公约》情况＋罗姆人是否受到该公约保护	签署、批准《宪章》情况＋罗姆人是否受该宪章保护	是否有单独的罗姆人融入战略	罗姆政治参与（主要包括罗姆政党发展与其他罗姆人参政机制）
第二类	立陶宛	已批准＋是	未签署＋否	是	无罗姆政党
	斯洛伐克	已批准＋是	已批准＋是	是	有多个罗姆政党参与议会选举
	保加利亚	已批准＋是	未签署＋否	是	有多个罗姆政党参与议会选举
	丹麦	已批准＋否	已批准＋否	否	无罗姆政党
	西班牙	已批准＋是	已批准＋否	是	有个别罗姆政党并参与议会选举
	葡萄牙	已批准＋是	签署但未批准＋否	是	无罗姆政党
	爱尔兰	已批准＋是	未签署＋否	否	无罗姆政党
	比利时	签署但未批准＋否	未签署＋否	是	无罗姆政党
	希腊	签署但未批准＋否	未签署＋否	是	无罗姆政党
第三类	法国	未签署＋否	签署但未批准＋否	否	无罗姆政党
	意大利	已批准＋是	签署但未批准＋否	有	有一个罗姆政党（Mistipè）
	卢森堡	签署但未批准＋否	已批准＋否	否	无罗姆政党
	塞浦路斯	已批准＋是	已批准＋否	否	无罗姆政党

从表 1 可以看出，三类国家在进行统计的这四个方面中的表现均呈现递降态势。其中，在罗姆人受到《框架公约》保护情况方面，第一类 11 个国家都签署了《框架公约》，罗姆人也都受到《框架公约》的保护；第二类 11 个国家

中有2个未批准《框架公约》，3个未将《框架公约》应用于罗姆人；第三类4个国家中有2个未批准《框架公约》且未将其用于罗姆人。在罗姆语是否受到《宪章》保护方面，三类国家差距尤其明显。第一类国家全部批准了《宪章》，并将其适用于罗姆语保护，体现了对文化差异性的特别保护理念；第二类国家中，3国批准了《宪章》，其中仅有1国（斯洛伐克）将《宪章》适用于罗姆语保护；第三类国家中，2国批准了《宪章》，但没有任何一国将其适用于罗姆语保护，体现出它们不愿意积极保护少数群体差异性文化的特征。在是否有单独的融入战略方面，第一类国家中，有2国没有按照欧盟委员会的要求出台单独的罗姆人融入战略；第二类国家中，4国未出台单独的罗姆人融入战略；第三类国家中，3国未出台单独的罗姆人融入战略。在罗姆人政治参与方面，第一类国家中，4国存在积极参与竞选的罗姆政党，2国有推动罗姆人政治参与的特殊制度；第二类国家中，3国存在着罗姆政党，1国有推动罗姆人政治参与的特殊制度；第三类国家中，仅1国（意大利）刚刚出现了罗姆政党，影响力还十分微弱，没有国家存在推动罗姆人政治参与的特殊制度安排。

从对欧盟这些国家的上述政策分析可见，正式承认罗姆人为少数民族或少数族群的国家表现均要好于仅仅事实上承认罗姆人为少数群体的国家，而后者的表现又明显好于否认罗姆人为少数群体的国家，而这三类国家在罗姆语保护方面的差别更加明显。这意味着，只有正式承认了罗姆人作为“少数民族”或“少数族群”的国家，才能更好地保护少数群体的文化差异性；事实上承认或否认罗姆人为少数群体的国家，绝大多数都仅对罗姆群体实行推动社会融入的“优惠政策”而不愿意保护其文化差异性。可见，对罗姆人地位承认度越高的国家，罗姆人受到的保护力度也越高。

4 欧洲罗姆人族群地位认定存在的问题

虽然不同国家罗姆人法定地位存在明显差异，但不论哪类国家，对于罗姆人的保护在现实中都存在着明显的“执行差距”，效果并不理想，欧洲委员会咨询委员会对各国少数群体保护的五轮评估意见明显表达了这种观点。其中原因多种多样，例如受欧洲社会广泛存在的对罗姆人的歧视、资金投入有限、欧洲金融危机、罗姆群体自身发展基础较差等因素的影响。但从欧洲少数群体保护制度及政策来看，以下问题较为普遍。

首先，欧洲国家对少数群体的保护的政治意愿不足。

虽然欧洲国际组织积极加强少数群体保护，但欧洲各国仍然对少数群体采取以个体权利为核心、集体权利为辅助的保护思路，因而未突出罗姆人作为一个具有文化差异性和特殊性的群体身份，而是侧重将其视为需要融入欧洲社会的弱势群体和边缘性群体，这导致欧洲国家首先缺乏将罗姆人作为少数群体进行保护的政治意愿。欧洲层面虽然有《框架公约》《宪章》《欧洲人权公约》和《种族平等指令》等有关少数群体保护的文件，但签署情况并不乐观。法国、安道尔、摩纳哥、土耳其[①]至今尚未签署《框架公约》；卢森堡、冰岛、希腊、比利时等国虽然签署了该公约，但未批准；那些批准了该公约的国家，大多数都作了保留声明。截至目前，33 个国家签署了《宪章》，其中签署后批准生效的仅有 25 个国家。阿塞拜疆、法国、冰岛、意大利、马耳他、北马其顿、摩尔多瓦、俄罗斯等 8 个国家虽然签署了该宪章，但未最终批准；阿尔巴尼亚、安道尔、比利时、保加利亚、爱沙尼亚、格鲁吉亚、希腊、爱尔兰、拉脱维亚、立陶宛、摩纳哥、葡萄牙、圣马力诺、土耳其等 14 国甚至没有签署该宪章，其中希腊不仅未签署该宪章，甚至反对出台保护少数语言的宪章，认为语言保护属于国内事务，而波罗的海三国则是因为不愿意花费太多力量去保护使用人口占比较大的俄语。

此外，各国在对这些文件的实施中，实际上又存在着巨大的“执行差距”。虽然欧洲各国普遍对少数民族出台了一些优惠政策，对罗姆人也有各种支持政策和融入战略，但这些优惠政策着力于“弥补差距”或推动“社会融入”，最终实现少数民族与主体民族的平等，而非着力于推动少数群体的身份保护，因而其力度是有限的。

需要看到的是，欧洲国家对少数民族保护偏弱的状况很难从根本上进行改变。当前，随着欧洲一体化的发展，欧盟、欧洲委员会、欧安组织等越来越从超国家层面抢夺了国家主权，而土著人、少数民族和各种弱势群体则从内部分享着国家主权，使欧洲国家面临内外夹击、上下压迫的处境。如果给予少数群

① 土耳其与下面提到的阿塞拜疆、格鲁吉亚等均处于亚欧大陆的交界地带，属于地理概念上的亚洲国家，但长期以来一直视自己为欧洲国家，积极参与欧洲事务，谋求融入欧洲。

体过多的集体权利，甚至自治权，则意味着国家需要让渡大量的主权。因此，欧洲各国必将反对这两种趋势对国家主权的迅速侵蚀，这也是欧洲少数群体保护的一个悖论：欧洲一体化既推动了少数群体保护，又在一定程度上制约了少数群体保护。

其次，欧洲国家“少数民族”标准过高。

由于欧盟国家货物、人员、资本、服务的自由流通，以及申根国家的签证一体化，使罗姆人在欧洲范围内的流动性大大增强，这使得对罗姆人保护的需求大大增加。但欧洲委员会、欧盟却将认定少数群体的责任交给成员国。而欧洲各国对少数群体，尤其是少数民族的认定标准过高。主要体现在两个方面。一是普遍需要“公民身份”。只有公民才可能成为“少数群体”，无公民身份的个人甚至只能享有远远低于普通公民的“移民”权利。欧洲委员会咨询委员会在 2022 年对挪威少数民族保护的第五轮意见（ACFC，2022）中，批评了挪威在罗姆人保护政策中区分了有公民身份的罗姆人和无公民身份的罗姆人的做法。不过，咨询委员会也注意到，无公民身份的罗姆人也从罗姆人政策中部分受惠，例如非公民罗姆人可以参加“罗姆人文化与资源中心”的一些活动，而且挪威政府通过《框架公约》对罗姆族的保护，也部分覆盖了非公民罗姆人。欧洲委员会咨询委员会在 2019 年对葡萄牙执行《框架公约》的第四次评估报告（ACFC，2019）中也指出，希望葡萄牙不要区别对待有公民身份和无公民身份的罗姆人，对他们进行同等保护。二是普遍规定了居住时间限制。例如，挪威、卢森堡、波兰、匈牙利要求“少数民族”或“少数族群”必须在该国持续生活了 100 年以上；荷兰、芬兰、斯洛文尼亚、德国等国均要求少数民族应“传统上”居住在该国。其中，斯洛文尼亚将少数群体区别为“土著少数群体”和“非土著少数群体”，将罗姆人一分为二，长期居住在斯洛文尼亚的罗姆人被称为“土著罗姆人”，从前南斯拉夫地区移民来的罗姆人被称为“非土著罗姆人”，前者享有“少数民族”权利，而后者被视为移民群体。此外，还有一些国家提出了一些离谱的条件，例如波兰要求构成“少数民族”的条件之一是——应该有一个母国，这使无母国的罗姆人在波兰只能被认定为“少数族群”而非“少数民族”。德国还规定少数民族应“生活在德国一些传统居住区域”（German Government，2000），这使散居的罗姆人只能成为“少数族群”而非“少数民族”。意大利通过法律确立了 12 个受到保护的“历史性语言少数群体”，但由于罗姆人和辛提人与特定区域并无历史联系，因而被排斥在“历史性语言少数群体”之外。对此，《框架公约》咨询委员会批评道，这对于那些未被列入12类语言群体的其他语言群体或者其他少数群体——如罗姆人——来说，存在着明显的保护漏洞，使他们变得更加弱势（ACFC，2015）。

上述这些限制会导致两个问题：第一，当一些罗姆人从一个国家移居到另一个国家时，可能丧失原先的少数民族身份，而转变为“移民”或“新少数群体”，这对罗姆人自由迁徙带来政策障碍；第二，与之相联系的另一个问题是，在同一个国家的罗姆人群体，部分属于“少数族群”，部分仅为“移民”身份，这给罗姆人文化、身份保护和族群团结都带来了麻烦。

再次，罗姆人人口数据严重失真。

鉴于欧洲普遍存在的种族主义、种族歧视、种族偏见、种族刻板印象，以及欧洲历史上，尤其是第二次世界大战期间发生过惨绝人寰的种族屠杀事件，使欧洲的少数民族身份成为敏感问题和隐私问题。法国、德国、比利时、西班牙、葡萄牙等国均禁止统计族群数据。1981年欧洲委员会出台的《关于个人数据自动处理的个体保护公约》（*Convention for the Protection of Individuals with Regard to Automatic Processing of Personal Data*）[①]和1995年欧盟的《关于处理个人数据与数据自由流通中的个体保护指令》（*Directive 95/46/EC on the Protection of Individuals with Regard to the Processing of Personal Data and on the Free Movement of Such Data*）[②]中，都要求保护包括族群、宗教等方面的“敏感数据”，即使是出于“公共利益”，也不能成为免于保护的理由。这对于个人族群身份溯源，以及确定族群人口规模无疑是“釜底抽薪”，导致无法确定个人是否属于某个少数群体或某个少数群体是否真正存在。即使那些可以统计族群身份的国家，由于族群身份的隐私性以及族群身份选择中自由的“个人认同”原则，少数群体人口统计数据往往并不准确。由于罗姆人的“身份劣势”，使很多罗姆人隐匿自己的族群身份，因为一旦公开，他本人及其家人可能要面临教育、就业、社会交往等方面的偏见或歧视对待。上述原因使罗姆人口数据严重失真。根据2012年欧洲委员会对47个缔约国罗姆人口的统计，官方统计数据与社会

① European Commission, 28 January 1981. https://rm.coe.int/1680078b37.

② EU, 24 October 1995. https://eur-lex.europa.eu/LexUriServ/LexUriServ.do?uri=CELEX%3A31995L0046%3Aen%3AHTML.

或学术界估计数据差距很大，参见表2（以几个罗姆人口较多的国家为例）。

表2 欧洲罗姆人口：官方统计数据与民间估计数据比较[①]

国家	官方统计	民间最低估计	民间最高估计
罗马尼亚	619 007（2011年）	1 200 000	2 500 000
保加利亚	325 343（2011年）	700 000	800 000
匈牙利	190 046（2001年）	500 000	1 000 000
斯洛伐克	89 920（2001年）	380 000	600 000
西班牙	无统计数据	500 000	1 000 000
法国	无统计数据	300 000	500 000
英国	无统计数据	150 000	300 000
意大利	无统计数据	120 000	180 000
德国	无统计数据	70 000	140 000
俄罗斯	205 007（2010年）	450 000	1 200 000
捷克	11 718（2001年）	125 000	250 000
希腊	无统计数据	50 000	300 000
总计（47国）	1 753 959	6 156 900	16 193 700

可见，官方统计的数据和民间估计的数据相差巨大，有的相差甚至达到20倍以上。而且，很多国家并不统计族群人口。数据和统计的缺乏，使国家无法将经济、社会、政治等方面的优惠政策或特别措施作用于罗姆人，也为政府忽视这个群体遭遇的不公提供了借口。正如开放社会政策中心（Open Society Policy Center）的报告“无数据—无进步”（No Data–No Progress）所指出的，完全缺乏关于罗姆人口的可用数据，使政府的积极措施——例如“罗姆人融入十年倡议”几乎无法取得任何有意义的变化（Open Society Institute，2010）。

① 数据来源：Document prepared by the Support Team of the Special Representative of the Secretary General of the Council of Europe for Roma Issues, 2 July 2012.

最后，对罗姆人存在随意的“族群归类”现象。

由于欧洲国家个体族群身份实行“自我认同”原则，而群体族群身份实行国家认定原则，使两种族群身份均不需经过“识别”或“认证”。对于集体族群身份来说，国家可能为了自身的利益，或者局限于自身的认知，而对一些群体进行错误的“族群归类”，对一些人口较少或处于边缘地位的少数群体尤其容易带来伤害。例如，法国、卢森堡、马耳他、圣马力诺、列支敦士登等国拒绝承认其境内存在着少数民族和少数族群，这使罗姆人仅被视同为弱势群体；荷兰只承认弗里斯兰人为“少数民族”，而同样历史悠久的犹太人、罗姆人 / 辛提人却分别为“语言少数群体”和“少数群体”；土耳其认为，除了土耳其人以外，任何穆斯林都不能有其他民族身份，这使信仰伊斯兰教的库尔德人、罗姆人无法被认同为少数民族；希腊政府认为，所有信仰东正教的群体都被视为希腊族，而信仰伊斯兰教的罗姆人，只能被视为宗教少数群体；在德国，辛提人和罗姆人认为他们分属不同的“族群”，但德国仍然将他们视为同一个“族群”；在阿尔巴尼亚，罗姆人、阿罗蒙 / 瓦拉几人（Aromanian/Vlach minorities）均希望能被确认为“少数民族”，但阿尔巴尼亚坚持认定他们为“语言少数群体”；塞浦路斯认为信奉伊斯兰教的罗姆人为土耳其塞尔维亚人的一部分而非少数群体。

5　结语

欧洲的法律制度缺乏对罗姆人少数民族地位的承认是导致罗姆人保护、社会融入存在问题的重要原因。而制度性的歧视和排斥成为社会歧视和社会排斥的源头之一。至今，罗姆人仍然受到歧视、边缘化和隔离。他们中的大多数不仅未能享受作为少数民族的集体权利，甚至连作为公民的个体权利也很难得到保障。他们进入公共场所，在教育、就业、医疗服务和住房等方面享有的条件均远远低于其他群体。

不过，不同国家仍然存在一些差别。对罗姆群体承认程度高的国家，罗姆人享有的政治地位、文化差异性保护程度明显更好一些，而在优惠政策力度方面也稍稍突出一些。但即使承认程度较好的国家，目前罗姆人生存状况方面也未得到明显的改善。这可能主要存在两方面的原因。其一，影响罗姆人经济、健康、住房等的因素太多，在很大限度上，可能不仅取决于承认不承认他们为少数群体，更重要的是各国的经济、社会总体发展水平及发展状况。其二，不少国家对于罗姆人少数群体的承认，主要是基于“外力”推动而非内生的保护愿望，即主要是为了应对来自欧盟、欧洲委员会的压力而采取的政策，尤其是对于中东欧国家来说，若无外力约束，加强罗姆人保护甚至可能不会被纳入政治议程（Baldin，2012）。

总之，罗姆人具有“双重少数”地位——少数群体与弱势群体，因而对其保护力度理应超过普通的少数群体或弱势群体。但在本质上，罗姆人首先是一个少数民族，然后才是弱势群体。如果不意识到这一点，就不可能真正保护好这个群体。一些欧洲国家仅仅从弱势群体政策或个体权利保护的角度来对待罗姆人，这对于完全符合“少数民族”特征的罗姆人来说是远远不够的。正如有学者所指出的，欧洲立法者并没有去接纳与西方权利观不相容的做法以及与西方价值观不一样的传统习俗，这使罗姆人的集体遗产可能面临湮灭的风险（Baldin，2012）。

参考文献

ACFC. 2015. *Fourth Opinion on Italy* [R]. [2023-02-20]. https://rm.coe.int/16806959b9.

ACFC. 2019. *Fourth Opinion on Portugal* [R]. [2023-02-20]. https://rm.coe.int/4th-op-portugal-en/1680998662.

ACFC. 2022. *Fifth Opinion on Norway* [R]. [2023-02-20]. https://rm.coe.int/5th-op-norway-en/1680a685c5.

Baldin, S. 2012. The protection of the Romani language and the itinerant lifestyle of Roma minorities: A fuzzy approach to the comparative analysis [J]. *Comparative Law Review,* 3(2): 1-29.

Congress of Local and Regional Authorities of Europe. 1981. *Resolution 125 on the role and responsibility of local and regional authorities in regard to the cultural and social problems of populations of nomadic origin* [S/OL]. (1981-10) [2023-02-20]. https://rm.coe.int/1680719df0.

Council of Europe. 1995. *The Framework Convention for the Protection of National Minorities* [R/OL]. (1995-02)[2023-02-20]. https://rm.coe.int/16800c10cf.

Cyprus Government. 2019. *Fifth Report submitted by Cyprus Pursuant to Article 25, Paragraph 2 of the Framework Convention for the Protection of National Minorities* [R/OL]. (2019-02-20) [2023-02-20]. https://rm.coe.int/5th-sr-cyprus-en/16809247e9.

Finland's Government. 1999. *Constitution of 1999 with Amendments through 2011* [S/OL]. [2023-02-20]. https://www.constituteproject.org/constitution/Finland_2011.pdf?lang=en.

German Government. 2000. *German pursuant to Article 25, Paragraph 1 of the Framework Convention for the Protection of National Minorities* [R/OL]. (2000-02-24) [2023-02-20]. https://rm.coe.int/CoERMPublicCommonSearchServices/DisplayDCTMContent?documentId=090000168008af08.

Guiraudon, V., Phalet K., & ter Wal, J. 2005. *Monitoring ethnic minorities in the Netherlands* [R]. UNESCO report.

Hungarian Parliament. 1993. *Act LXXVII of 1993 on the Rights of National and Ethnic Minorities* [S].

Minority Rights Group International. 2007. *World Directory of Minorities and Indigenous Peoples — Denmark* [S/OL]. [2023-02-20]. https://www.refworld.org/docid/4954ce0433.html.

Open Society Institute. 2010. *Report of the Open Society Institute, no data—No progress data collection in countries participating in the decade of Roma inclusion 2005–2015* [R/OL]. (2010-06) [2023-02-20]. https://www.opensocietyfoundations.org/uploads/165c9e47-6056-4abf-97fb-4fa2d67f695c/no-data-no-progress-20100628.pdf.

PACE. 1990. *Rights of minorities. Recommendation 1134* [R/OL]. (1990-10-01) [2023-02-20]. https://assembly.coe.int/nw/xml/XRef/Xref-XML2HTML-en.asp?fileid=15235.

PACE. 1993. *Gypsies in Europe. Recommendation 1203* [R/OL]. (1993-02-02) [2023-02-20]. http://assembly.coe.int/nw/xml/XRef/Xref-XML2HTML-en.asp?fileid=15237&lang=en.

PACE. 2002. *Legal situation of the Roma in Europe. Recommendation 1557* [R/OL]. (2002-04-25) [2023-02-20]. https://assembly.coe.int/nw/xml/XRef/X2H-Xref-ViewHTML.asp?FileID=9676&lang=EN.

PACE. 2010. *The situation of Roma in Europe and relevant activities of the Council of Europe* [R/OL]. Resolution 1740. (2010-06-22) [2023-02-20]. https://pace.coe.int/en/files/17875/html.

Parliament of Poland. 2005. *Act of 6 January 2005 on national and ethnic minorities and on the regional languages* [R/OL]. [2023-02-20]. http://ksng.gugik.gov.pl/english/files/act_on_national_minorities.pdf.

Portugal Government. 2004. *Portugal Pursuant to Article 25, Paragraph 1 of the Framework Convention for the Protection of National Minorities* [R/OL]. (2004-21) [2023-02-20]. https://rm.coe.int/168008b12e.

Slovak Government. 2019. *Fifth Report submitted by the Slovak Republic Pursuant to Article 25, Paragraph 2 of the Framework Convention for the Protection of National Minorities*[R/OL]. [2023-02-20]. https://rm.coe.int/5th-sr-slovak-republic-en/1680923d76.

Spain Government. 1995. *From reservations and declarations for Treaty No.157 - Framework Convention for the Protection of National Minorities* [R/OL]. [2023-04-10]. https://www.coe.int/en/web/conventions/full-list/-/conventions/treaty/157/declarations?p_auth=3WY2pb5Q.

常士訚，2019. 族际合作治理：多民族发展中国家政治整合研究 [M]. 天津：天津人民出版社.

罗桑瓦龙，2012. 法兰西政治模式：1789 年至今公民社会与雅各宾主义的对立 [M]. 高振华，译 . 北京：生活 · 读书 · 新知三联书店 .

作者简介

杨友孙，博士，上海政法学院政府管理学院教授。研究方向：欧洲民族问题，中东欧国际问题与欧洲一体化。电子邮箱：yangyousun@163.com

尹春娇，上海政法学院语言文化学院讲师。研究方向：西方文化、跨文化交际。电子邮箱：1556824455@qq.com

文化外交视域下芬中协会的历史进程与现状分析*

王　烁

摘要：文化外交是实现国家战略目标的重要工具和增强国家软实力的重要方式，也是推动国家间互信合作、共同应对全球问题的重要路径。芬兰是北欧重要国家，也是最早与新中国建立外交关系的西方国家之一。随着中芬关系的平稳发展，双边文化外交机制不断走向成熟。本文通过阐释文化外交的作用机制，具体考察了非政府机构芬中协会的发展历史进程。1951 年建立的芬中协会是早期中芬文化外交的实施主体和建设平台，作为专门机构，芬中协会负责协调建设，实施组织安排，发挥了重要的咨政建言作用。本文对芬中协会历史进程与现状的分析不仅有助于丰富拓展文化外交理论研究，对于促进中芬之间、中国与北欧国家之间的文化交流与合作，深化双边关系也具有重要的现实价值。

关键词：文化外交；中芬关系；芬中协会

冷战结束后，随着全球化的深入发展，通过国家及其人民之间交换观点、信息、艺术以及其他文化方面的内容来促进相互理解的文化交往日益活跃，成为当代国家间关系领域的一个显著特点（张清敏，2006）。文化作为影响国际关系的重要因素，日益成为学术研究的重要议题，从文化视角思考国际关系形态和国家行为也受到持续关注。随着中国综合国力和国际地位的不断提升，文化外交在国家总体外交中的地位和作用日益凸显。中芬文化外交除了政府层面的互动之外，通过专门机构建设，民间参与越来越频繁，高校互访、智库研讨也愈加密切。1951 年建立的芬中协会就是两国间的友好合作机构的代表。中芬文化外交的稳步发展与芬中协会的推动，以及中方始终以友好互惠的态度积极努力寻求更广泛更深入的合作密不可分。芬中协会的长期规划和组织，为中芬文

* 基金项目：2021 年度国家社科基金艺术学重大项目“新时代对外文化交流和旅游推广体系创新研究”（项目编号：21ZD07）的阶段性成果。

化交流初始阶段的接触了解搭建了有效平台，为成熟阶段的中芬文化外交政策与项目协调提供了专业的人员和智力支持，成为后续两国文化外交发展必要的机制保障。

1 文化外交影响双边关系的作用机制

在文化外交实践中，各国的历史传统、外交模式等方面均存在差异，因而会使各国在双边关系中逐步形成不同的文化外交机制。比如路易·多洛（Louis Dollot）将文化外交机制分为拉丁型国家、英国型国家和联邦国家三种类型。意大利、法国、西班牙属于第一种，主要由国家主导协调。加拿大、英国、日本属于第二种，主要由协会组织安排，政府扶持。德国、美国属于第三种，除了拥有负责文化工作的中央机构，同时大学、基金会和地方单位也承担了大多数文化扩张的任务（多洛，1987）。英国学者约翰·马修·米切尔（John Matthew Mitchell）与其观点相似，他将文化外交机制划分为另外三种类型，即政府掌控型、非政府自治组织主导型和混合型三种（Mitchell，1986）。除此之外还有志愿者机制，这种机制没有政府资金支持，所以也不受政府控制，但也能取得一定效果（丛霞，2017）。

概言之，世界各国的文化外交机制大体可归为三种类型，包括政府主导型、非政府机构主导型、共同合作型。在政府主导型中，政府是文化外交的主导者，也是文化外交的主要实施者；政府官员负责与国外进行沟通联系，开展人文交流活动；政府在本国设立部级机构（文化部等），在国外设有文化代表（文化参赞或者文化专员），文化交流活动全部纳入政府管理体系中加以管理。在非政府机构主导型中，非政府机构是文化外交的主导者和主要实施者，非政府机构负责与国外开展人文交流；政府只负责提供资金和财政支持，并在一定范围内加以引导。共同合作型模式中，政府是文化外交的主导者，非政府机构是文化外交的主要实施者；政府负责对外政策和策略的制定，非政府机构负责具体计划的实施操作；政府与非政府机构之间签订合作协议，明确权利与义务，做好任务的安排与分配；非政府机构有较强自主性，可设计组织开展相关主题人文交流活动（见表 1）。

表 1 文化外交的作用机制①

序号	文化外交的作用机制	文化外交主导者	文化外交主要实施者	实施特点
1	政府主导型	政府	政府	政府在本国设立部级机构，在国外设有文化代表，文化交流活动全部纳入政府管理体系中加以管理
2	非政府机构主导型	非政府机构	非政府机构	政府负责提供资金和财政支持，并加以引导
3	共同合作型	政府	非政府机构	政府与非政府机构签订合作协议，进行任务分配与管理

上述三种作用机制，分别反映了政府在介入文化外交中所发挥的不同作用。但无论采取哪种作用机制，其目的和原则是一致的，都是服务于本国的国家利益和长远的国际战略。政府、非政府机构乃至志愿者，在文化外交中各有其优势。中芬文化外交的作用机制以共同合作型为主，芬中协会就是中芬文化外交中重要的非政府机构，21 世纪之前的大量中芬人文交流活动都是由芬中协会组织安排，双方政府会根据情况予以资金支持，这种合作机制有效促进了中芬文化外交的发展，进而加强了两国政治经济方面的合作。中芬两国地理相距甚远，政治制度、意识形态、社会文化差异较大，但两国间的文化外交促使彼此相互学习借鉴，双边关系发展稳步向前。由于文化外交具有平和性的特点，近年来各国在文化外交中越来越倾向于充分调动和发挥民间组织的作用，这使得国家战略在国际实施过程中具有更多的政策选项和行动空间。在此前提下，非政府机构芬中协会的重要性日益降低，面临的制约和挑战日益增加。

2 芬中协会的起步发展

芬中协会创立于 20 世纪 50 年代初，当时中芬两国间刚刚建立外交关系，中国在芬兰还没有设立使馆（Havren，2009），芬中协会便在当时承担了部分使馆工作，这使刚刚成立的芬中协会有了更大的发展空间，也使芬中协会在建交

① 资料来源：本表为笔者自制。资料来源于《文化外交视角下的英国文化教育协会研究》（丛霞，2017）。

初期发挥了不可忽视的作用，开启了两国之间的友好往来的新篇章。建立初期的芬中协会对两国关系的推动作用显著，1951—1960 年这十年成为芬中协会发展的黄金十年。

2.1 芬中协会的建立背景

芬中协会成立于 1951 年 6 月 15 日，是西方国家中最早成立的对华友好协会之一。它的主要任务是在芬兰扩大、深化民众对中国的了解，并促进两国间文化交流。虽然两国在初始阶段相互了解并不全面，但中方展现出渴望友好往来和合作的态度，为两国关系的发展奠定了基础。中国是该协会创立的主要推动者，这与中华人民共和国成立初期的外交意愿密不可分。在新中国成立之后，为了获得更多国家对新中国的承认，中国通过在对象国创建协会的方式，促进国家之间的友好往来。芬中协会按照芬苏协会（芬兰与苏联）的模式创办，除了中国的支持外，芬兰的共产党以及芬苏协会也是主要的支持者。

第一届芬中协会主席为芬兰前总理毛诺·皮可拉（Mauno Pekkala）。[①] 芬中协会是在中芬建交之后成立的，因此对两国人文交流的作用更为突出。协会成立后，两国的文化活动逐步展开，尽管当时两国之间没有正式的文化协议，但双方代表团进行文化活动互访数量激增。两国之间积极的文化交流无疑提高了双方在对方国家的影响，减缓了两国之间由于地理位置和意识形态不同而产生的矛盾与问题。受当时世界局势的影响，芬中协会初始成员名单里大部分人员属于左翼。但协会努力均衡内部政治势力，提高协会成员的代表性和影响力（Rosenberg，2014）。

根据芬中协会章程，该协会的宗旨是“致力于提升芬兰与中华人民共和国之间的友好关系，以及两国和两国人民之间的经济与文化交流”，同时章程中也提出“坚决反对破坏芬兰与中国之间友好关系的行为”（Heikinheimo，2016：28，32）。芬中协会组织各种类型的公共活动，发行与中国相关的电影、书籍、唱片等，出版印刷品，组织安排对中国的访问考察，并在整个芬兰区域建立协会分支机构，促进两国文化交流。同时，芬中协会自 1957 年开始组织汉语课

① 毛诺·皮可拉（1890—1952），1946—1948 年任芬兰总理，其所在党派为芬兰人民民主联盟（SKDL），1951—1952 年任芬中协会主席。

程，满足芬兰人学习汉语的兴趣。

2.2 建立初十年的繁荣发展

协会成立初十年，中芬文化外交繁荣发展，双方代表团互访频繁。中芬两国间艺术展览以及文化代表团和艺术演出团的互访不断增加。在芬中协会的组织安排下，1951 年芬兰举办“新中国图片展”，而芬兰的艺术展览也分别在中国北京、上海和广州举办，展出时间长达 7 个月。[①] 在这个时期，芬中协会寄给中国的书籍被翻译成中文，其中包括：赫塔・库西宁的《自由世界之旅》（1955 年）、尤哈尼・阿霍的《赫尔曼勋爵》（1957 年）、埃尔维・西纳尔沃的《维尔贾米交易所》（1957 年）、迈朱・拉西拉的《借火柴》和《复活》（1959 年）。[②] 在两国文化外交繁荣发展的十年中，芬中协会组织安排双方电影代表团互访，并在对象国举办电影周活动（Rosenberg，2008）。1951 至 1960 年间，芬中协会共组织 6 场艺术展、47 场中国手工艺品展、41 场其他小型展览、255 场观影活动（马克卿，2021）。通过展览、电影周以及杂技团和京剧团等访问演出，芬兰民众开始对中国文化有了初步的感性认识。

1953 年，受中国人民对外文化协会（后更名为“中国人民对外友好协会”）的邀请，在团长西尔维・凯科宁（Sylvi Kekkonen）[③] 的带领下，由芬中协会组织安排的第一个芬兰文化代表团访问中国。这是芬兰文化界与中国的第一次接触。在此次旅行中，芬兰代表团不仅游览了中国的长城、颐和园等历史人文景点，还参观了北京的中央民族学院[④]、鲁迅博物馆和幼儿园等教育机构。这一次访问和后续的出版物引起了芬兰文化界对中国更多的关注，还促成了之后鲁迅文学作品在芬兰的翻译出版。其中两位作家对于这次中国之旅进行了记录，出版了两部书籍，分别为彭蒂・汉帕（Pentti Haanpää）的访华游记《中国

① 该展览是有史以来最大的芬兰艺术作品展。展览由斯文・格伦瓦尔（Sven Grönvall）负责，奥利・瓦尔科宁（Olli Valkonen）担任助理，阿雷・诺约宁（Aarre Nojonen）担任翻译。芬兰教育部给予财政支持。

② 芬兰语作家与作品名称分别为：Hertta Kuusinen, *Matka Vapaaseen Maailmaan* (1955), Juhani Aho, *Helmannin Herra* (1957), Elvi Sinervo, *Viljami Vaihdokas* (1957), Maiju Lassila, *Tulitikkuja Lainaamassa* ja *Kuolleista Herännyt* (1959)。

③ 西尔维・凯科宁（Sylvi Kekkonen），当时的芬兰总理夫人、作家。

④ 1951 年 6 月，中央民族学院在北京正式成立，乌兰夫任首任院长；1978 年被批准为全国重点大学；1993 年 11 月，更名为中央民族大学。

故事》(*Kiinalaiset Jutut*)和马蒂·库尔森萨里(Matti Kurjensaari)撰写的中国旅行日记《中国日记：芬兰人眼中的中国》(*Kiinalainen Päiväkirja: Uutta Kiinaa Suomalaisin Silmin*)。导演里特瓦·阿韦洛(Ritva Arvelo)也随团访问中国，他执导的中国歌剧《白毛女》于次年被搬上赫尔辛基国家剧院，这是在芬兰舞台上演的首个中文剧本(Rosenberg，2008)。

在芬中协会初成立的十年间，共组织和安排了四次芬兰文化代表团访华。[①]代表团成员中，特别值得一提的是佩蒂·涅米宁(Pertti Nieminen)。涅米宁是一位芬兰诗人兼中学老师，喜爱诗歌，自学中文，随第四批芬兰文化代表团访问中国，后在赫尔辛基大学教授汉语。涅米宁出版了23本诗集，除了他自己创作发表的诗歌，更著名的成就是直接将中国诗歌从中文翻译成芬兰语，芬译版诗歌涵盖了主要的中国古典和近代诗歌流派。在涅米宁数十年的努力下，中国诗歌被全面介绍到芬兰，对中国文学，特别是中国诗词在芬兰的研究和发展起到了至关重要的作用(李颖，2013)。

3 芬中协会的现状概要

在中国人民外交学会和芬中协会的共同促进下，中芬互派外交使团访问，并举行了一系列的文化活动。2010年之前，除部分活动外，中芬之间重要的人文交流活动，例如参观、表演、展览、访问等，都由芬中协会主办或合办。

3.1 内部机制构建与经费来源

芬中协会的办公室主管部门共13人，由会长、副会长及11名成员组成。目前由溥明睿(Mikko Puustinen)担任会长。截止到2022年底，芬中协会共有833个企业或个人注册为会员，其中缴纳会费的会员数为672个。缴费会员中包括54个常任会员和12个企业会员。由于新冠疫情暴发和中国的影响力在芬兰逐渐提升，芬中协会正式在册成员在2021年增加了36人。但由于现今西方国家年轻人加入友好协会的兴趣普遍降低，导致2020年和2022年芬中协会会员数呈下降趋势(Suomi-Kiina-seura，2023)。

---

① 四次芬兰文化代表团访华时间分别为1953年、1955年、1959年和1960年。

芬中协会是一个全国性组织，协会办公室负责活动的统筹规划和整体安排，各地区的分部结合当地的优势与资源开展活动。目前芬中协会分别在伊萨尔米（Iisalmi）、约恩苏（Joensuu）、拉赫提（Lahti）、欧路（Oulu）、波里（Pori）、罗瓦涅米（Rovaniemi）、坦佩雷（Tampere）、图尔库（Turku）建立分部（张智勇，2019）。例如，图尔库分会提供中文课程，波里分会全年开设太极课程。各分会每年会举办当地的春节庙会或中秋晚会，让芬兰民众直接感受中国传统佳节的魅力，提高对中国的了解和喜爱程度。各个地方创办的芬中协会分部各具特色，是芬中协会在芬兰的延伸，扩大了协会的影响范围，为各地人民参与协会开展的活动创造了条件，有利于当地居民增加对中国的兴趣。

芬中协会获得活动资金的方式有：征收会员费，捐赠，举办付费公共活动，发彩票，出版，戏剧演出，播放电影等。

芬中协会有两种不同类型的会员费用。一种是个人会员。目前永久居住在芬兰且年满 16 岁的任何人都可以加入芬中协会成为个人会员。2023 年每人每年的会费为 25 欧元（Suomi-Kiina-seura，2023）。所有缴纳会员费的成员都将通过信件方式收到芬中协会的会员杂志和会员通讯录，同时也可以通过电子邮件的形式接收电子版会员杂志。另一种是公司或者协会会员。公司 / 协会身份会员可以自行决定会员费的数额。但是，会员费至少必须达到规定的最低金额，该最低金额由公司 / 协会在中国的营业额所确定，具体会费要求见表 2。

表 2　芬中协会公司 / 协会会员会费要求 ①

在中国的营业额	芬中协会会费（最少）
小于 100 万欧元	60 欧元
100 万—150 万欧元	95 欧元
150 万—850 万欧元	200 欧元
850 万—1 500 万欧元	375 欧元
大于 1 500 万欧元	560 欧元

在 20 世纪 50 年代，芬中协会非常活跃，很多活动经费都能得到外界支持

① 数据来源：芬中协会官方网站（https://kiinaseura.fi/suomi-kiina-seura/liity/，读取日期：2023-10-09）。

（Rosenberg，2014），例如私人捐助、芬兰共产党和中国等。芬中协会收入中记录的相对较大的款项均为外部捐款，捐赠的来源没有出现在档案中。1965 年中国人民对外友好协会发给芬中协会的信函副本中显示，中方已在 115 个月内每月为芬中协会提供 2 200 芬兰马克的津贴（Heikinheimo，2016）。

芬中协会在芬兰和中国两地举办各种展览、展会。随着 1952 年中国手工艺品展览会在芬兰举行，芬中协会通过出售展品赚取了部分活动资金。芬中协会在组织了第一次从芬兰到中国的访问后，1965 年秋天给中国人民对外友好协会写了一封信，信中描述了芬中协会在 20 世纪 60 年代的经济结构及其与中国的关系。当时的芬中协会缺乏足够资金，并考虑搬离当时位于市中心的办公室。所以信中写道，希望中国人民对外友好协会能够考虑支持芬中协会的活动，包括更新中文展览资料、增进中芬之间的文化交流（例如文学翻译、在芬兰组织中国电影节、邀请中国艺术家和针灸医生访问芬兰）等（Rosenberg，2014）。1970 年，在芬兰举办了中国瓷器和陶瓷展览。1973 年春天，中芬合作关系进入到新的阶段，当时芬兰教育部长玛利亚・韦纳嫩（Marjatta Väänänen）和国际事务主管卡勒沃・西卡拉（Kalervo Siikala）到达北京，在北京举办了芬兰建筑展览。在芬兰部长访问期间，中芬签署了非正式的政府文化交流计划。这份文化交流计划的签订，标志着中芬之间文化外交的开始。此后，芬兰教育部同芬中协会之间开始在内容规划和实施方面进行密切合作，芬中协会也得到了芬兰教育部的经费支持。①

芬中协会的杂志《中国文字与图像》（*Kiina Sanoin ja Kuvin*）于 1956 年发刊，也是协会的收入来源之一。1982 年之前中方一直向芬中协会出版的《中国文字与图像》杂志提供资助。但自 1984 年双方签订国家级协议《中芬文化协定》（*Kiinan ja Suomen Välinen Kulttuuri Vaihtosopimus*）后，芬中协会就完全依靠芬兰国内资金进行运作，不再需要中国在经费上的支持（马克卿，2021）。

3.2 政府间协议推动与文化成就

除了申请定期补贴外，芬中协会还向芬兰外交部建议与中国政府签订文化

① 1965 年芬中协会得到芬兰教育部提供的第一笔业务赠款。1984 年中芬签署国家级文化交流协议，芬兰教育部自此开始定期为芬中协会拨款。

协议。中芬政府间文化协议于1980年正式签署。1980年签订的文化合作交流计划是中国文化部与芬兰教育部在北京签署的第一个官方文化交流计划，该计划涵盖了1980—1981年两年时间。签署协议时，芬兰方除了教育部代表外，芬中协会也一直参与该计划的规划和谈判。两国间文化外交在此基础上得到蓬勃发展。官方文化交流计划中除了文化和艺术的交流之外，还涉及语言教学、奖学金申请、科学合作、媒体合作，以及体育与青年组织之间的合作等问题。该计划的目的是为两国表演者和艺术展览创造机会，语言教学方面的合作能够确保中文老师可以继续在赫尔辛基大学任教，而芬兰语老师可以到中国教授语言。该计划还确定了奖学金交换的学生人数的配额。1980年起中芬开始签订文化交流计划，该计划一直持续到2009年，大约每三年签订一次，共签署9份。① 计划中规定，每三年在两国间组织一次展览，安排两个艺术团进行互访，由双方政府提供资金和人员保障。芬兰方由芬兰教育部负责，并交给芬中协会进行具体活动安排，所以30年间芬中协会一直从芬兰教育部获得活动资助经费。2010年中芬两国签署了《中芬文化交流合作备忘录》（*Kiinan ja Suomen Yhteistyö Pöytäkirja*），开始推动30年来以政府为主导的官方文化交流的转型发展，政府不再提供活动经费支持，芬中协会收入大幅度减少。现在的芬中协会更多成为一个咨询机构，虽然仍然组织协调春节庙会等品牌性活动，但不再像之前一样几乎负责所有中芬文化外交项目在芬兰的推广，作用相对降低。

长期以来，芬中协会是唯一组织中芬文化交流的芬兰非政府机构，《中国文字与图像》也是唯一定期在芬兰出版的有关中国和中国文化的芬兰杂志。芬中协会成立初期便有创办协会杂志的想法，1956年《中国文字与图像》杂志由芬中协会出版创刊，并延续至今。目前该杂志每年发行4本，单本订阅价格7欧元，全年订购26欧元（Suomi-Kiina-seura，2023），分发给所有芬中协会的缴费会员与芬兰的各个图书馆，杂志的订购给资金并不富足的协会带来可观的收入。

在创办初期，由于当时研究中国的芬兰学者非常少，杂志的内容大多由中国文章翻译而来。但随着时间的推移，中芬人文交流不断加强，越来越多的芬兰学者参与到对中国的研究中去，为《中国文字与图像》提供自己的专业知识。

① 九份中芬文化合作交流计划涉及时间分别为：（1）1980—1981年；（2）1982—1984年；（3）1985—1987年；（4）1988—1990年；（5）1991—1993年；（6）1994—1996年；（7）1997—1999年；（8）2000—2004年；（9）2005—2009年。

目前杂志撰稿均为芬兰学者，内容涉及中国的方方面面——社会生活、民间风俗、现代城市、教育、历史等。比如有的文章介绍中国的社交媒体，指出中国是世界上社交媒体使用最活跃的国家之一，描述中国的数字化技术运用给人们生活带来的便利；介绍抖音、爱奇艺等手机应用，包括博主李子柒运用媒体展现中国新农村面貌等等。《中国文字与图像》努力为读者提供有关中国的深度分析和文化背景信息，将日新月异的现代中国展现给芬兰民众，在芬兰的社会信息传播和公众通识教育中发挥了重要作用。

芬中协会拥有自己的图书馆，藏书来源主要有以下三种：一是协会创办初期中国赠送的书籍，二是芬兰学者关于中国的相关研究，三是协会资金购置的中文作品。芬中协会图书馆以国别为限制收集藏书，所有藏书均与中国相关，收集范围广泛，包括文学作品、历史书籍、政策方针、名著翻译、童书、食谱、旅游指南等，藏书语言大多为芬兰语，还有部分英语、中文书籍。芬中协会图书馆尽管不符合一般图书馆的设立标准，但图书馆成立 70 多年来，馆藏书籍丰富，基本涵盖了中国发展的各个时期，芬中协会的官方网站上也会时常更新部分书籍的副本售卖信息，为芬兰的中国研究做出贡献。

芬中协会的另一项重要工作是芬中网络词典的修订编辑。2019 年 12 月，芬兰教育部拨款 7 万欧元用于芬中词典的编纂工作，词典项目同时获得了托依沃拉基金会（Joel Toivola Fundation）5 000 欧元的项目赠款的支持。在此之前，世界上还没有出版过类似的网络词典，给中芬双语学习者带来相当大的困难。2021 年春天，芬中协会取得了词典项目的阶段性成果，第一版芬中网络词典于 5 月出版，作为语言机器公司（Kielikone Oy）旗下 MOT 词典中的一部分。该词典包含超过 53 000 个单词，用户可在 www.sanakirja.fi 网站上免费获取。该词典反响良好并拥有活跃的用户群，仅半年时间，该词典的检索已超过 30 万次（Suomi-Kiina-seura, 2023）。芬中协会将在未来几年继续从事词典的编纂工作，期望将搜索词扩充到 10 万个以上，以满足芬兰民众对中国信息日益增长的需求。

4 芬中协会的发展前景

中国与芬兰及欧洲国家存在人文交流赤字。随着“一带一路”倡议的深入推进，中外文化外交呈现快速化、多元化、品牌化发展趋势，中国文化如何走出去成为重要问题。回顾以往，中国提供给芬兰的文化产品主要是京剧戏曲、武术杂技、历史遗迹、中国美食等，文化产品有待进一步丰富，展现中国21世纪开放、创新、包容等气质的文化产品不多不强，无法激发芬兰年轻人对于中国的兴趣（Puustinen，2019）。这就导致芬兰民众对于中国的理解认同仍显缺乏，加上部分媒体的过度渲染和夸大其词，使中国真实形象和西方主观印象存在反差（张金尧，2022）。

芬中协会和芬兰大城市C21网络委托进行的问卷调查显示，只有16%的芬兰年轻人对中国感兴趣。这项问卷调查于2019年2月1日至3月4日进行，采访了来自芬兰各地的500名15至19岁的芬兰年轻人。芬中协会主席溥明睿表示："尽管在经济、政治和气候变化等方面，中国对芬兰和芬兰人的影响一直在增长，但是大多数芬兰年轻人对来中国学习和工作都不感兴趣。"（Puustinen，2019）虽然芬兰年轻人认为文化和语言是主要原因，中国距离太远，不了解中国国情，但72%的被采访者认为他们对更加遥远的日本更感兴趣。芬兰的分析家认为，这可能与中国在年轻人感兴趣的流行文化方面表现不佳有关，此外，相关免费文化信息的缺失，以及国家对文化和创意产业的审查制度也是影响芬兰年轻人关注中国的主要原因。所以如何讲好中国故事成为刻不容缓的任务。

对于芬兰来说，双边文化外交以前主要强调邻近地区（北欧国家、俄罗斯、波罗的海国家等）的合作，现在重点范围已经扩大，在文化和教育领域更加重视与亚洲的合作。而在亚洲国家中，中国现在被认为是最重要的国家之一。虽然芬兰教育部停止了文化交流计划项目经费的支出，但其他经费还在继续，并且有上升趋势（见表3）。

表3 芬兰教育部每年给予各国协会补贴数额（2012—2020年）[①]

年份	芬兰教育部每年补贴数额（单位：欧元）					
	芬中协会	芬俄协会	芬美协会	日本相关协会		
				芬日协会	日本文化友好协会	日本协会
2012年	39 000	1 141 000	117 500	6 500	4 500	9 500

① 数据来源：本表为笔者自制。资料来源于芬兰教育与文化部官方网站（https://www.oph.fi，读取日期：2023-10-09）。

（续表）

年份	芬兰教育部每年补贴数额（单位：欧元）					
	芬中协会	芬俄协会	芬美协会	日本相关协会		
				芬日协会	日本文化友好协会	日本协会
2013 年	37 500	1 122 000	115 000	6 000	4 000	9 000
2014 年	38 000	1 139 000	118 500	6 300	4 300	9 300
2015 年	38 000	1 139 000	118 500	9 600	4 300	—
2016 年	40 000	1 139 000	117 000	9 000	4 300	—
2017 年	40 000	1 139 000	115 000	12 000	4 500	—
2018 年	50 000	1 075 000	120 000	15 000	5 000	—
2019 年	50 000	915 000	150 000	25 000	5 000	—
2020 年	50 000	915 000	150 000	10 000	5 000	—
总计	382 500	9 724 000	1 121 500	99 400	40 900	27 800
合计	382 500	9 724 000	1 121 500	168 100		

芬中协会自成立以来，一直作为中芬文化交流计划的芬方执行机构。21 世纪前，芬中协会主办或参与主办了几乎所有重要的中芬文化外交活动，并对活动内容的选择安排提出建议和指导意见，在中芬文化外交方面发挥了至关重要的作用。虽然大部分活动并没有形成品牌维持下来，但是它丰富了双方文化交流的成果，同时为文化外交活动留下了可持久保存的文本图像。比如，很多演出前芬中协会都会出版相关中芬双语版介绍册，像昆曲《长生殿》、京剧《霸王别姬》《赵氏孤儿》等作品都有芬兰语版剧情介绍册留存。60 多年来中国艺术团赴芬演出，都与芬中协会的不懈努力密不可分。芬中协会作为半官方的芬兰民间团体，拥有很多研究中国问题的芬兰专家，他们几十年来持续不断地将中国的艺术引入芬兰，并提前进行各方面的充分准备。芬中协会在芬兰传播中国文化，特别是对中国的古老艺术传统戏剧情有独钟，这促进了芬兰民众对中国古典戏剧中的人文气质和唱腔唱词的了解与认可。目前中国京剧已在芬兰开花结果，2005 年两名芬兰京剧爱好者成立了芬兰人自己的京剧社“武生公司（Wu

Sheng Company)”[①]，芬兰京剧演员开始在瑞典、芬兰进行中国京剧的表演。同时，芬中协会历任会长和汉学家们还用芬兰语大量翻译中国典籍和戏剧文学作品。比如芬中协会前主席威利·卢森堡（Veli Rosenberg）[②]将20余种中国传统戏剧翻译成芬兰语，并多次举办以中国戏剧为主的亚洲戏剧节，让更多当地人了解和喜爱中国；前任芬中协会主席高玉麒（Jyrki Kallio）[③]翻译了《古文观止》中半数以上故事、《论语》以及其他儒家经典摘抄，希望芬兰读者能够用母语欣赏中国传统文化。

芬中协会在增进两国友谊，加强民心相通方面做了大量工作。随着两国关系不断推进，芬中协会的力量也在不断壮大。协会积极参与“欢乐春节”等一系列友好活动，并推动汉语教学、文化教育交流等工作的开展。芬中协会参与了所有交流计划的规划和谈判，并成为从芬兰到中国以及从中国到芬兰的最重要的艺术交流实践者。这些总结下来的宝贵经验，可以在未来两国间的文化外交中学习借鉴。尽管芬中协会从一开始就在中芬人文交流中发挥着重要作用，但它仍旧一直寻求与现有的芬兰文化组织合作。芬中协会没有试图垄断与中国的文化关系，而是积极寻求更广泛的合作以促进其发展，为促进两国友好交流贡献力量。

参考文献

Havren, S. 2009. *“Meillä ei ole ikuisia ystäviä eikä ikuisia vihollisia. Ikuisia ovat meidän omat etumme”: Suomen suhteet Kiinan kansantasavaltaan 1949-1989* [M]. Helsinki: Yliopistopaino.

Heikinheimo, A. 2016. *Suomi-neito ja idän jätti käyvät tanssiin - Kiinan kansantasavallan*

① 武生公司，2005年创立，现已获得芬兰政府扶持。曾在赫尔辛基艺术节中国主宾国活动中进行《挑滑车》等经典剧目演出。

② 威利·卢森堡，2002—2016年任芬中协会主席，任期15年。在《中国文字与图像》中撰写多篇中芬人文交流相关文章。

③ 高玉麒（Jyrki Kallio），芬兰国际问题研究所高级研究员、汉学家，2017—2018年任芬中协会主席，任期1年。

ja Suomen välinen kulttuurivaihto 1950- ja 1960- luvuilla [D]. Master dissertation. Helsinki: Helsinki Yliopisto.

Mitchell, J. M. 1986. *International cultural relations* [M]. Boston: Allen&Unwin.

Puustinen, M. 2019. Kiina ei kiinnosta suomalaisnuoria [N]. *Helsingin Sanomat*, 2019, June 27.

Rosenberg, V. 2008. Miten käy kulttuurivaihdon? [J]. *Kiina Sanoin ja Kuvin*, (2).

Rosenberg, V. 2014. Suomi-Kiina-seuran vahvoja naisia Aune Laurikainen [J]. *Kiina Sanoin ja Kuvin*, (4).

Suomi-Kiina-seura. 2023. Toimintakertomus vuodelta 2022 [OL]. [July 17, 2023]. https://kiinaseura.fi/suomi-kiina-seura/

丛霞，2017. 文化外交视角下的英国文化教育协会研究 [D]. 上海：上海外国语大学 .

多洛，1987. 国际文化关系 [M]. 孙恒，译 . 上海：上海人民出版社 .

李颖，2013. 芬兰的中国文化翻译研究 [D]. 北京：北京外国语大学 .

马克卿，2021. 中国和芬兰的故事 [M]. 北京：五洲传播出版社 .

张金尧，2022. 为新时代文化发展指明方向——学习领会习近平总书记关于文化工作重要论述的几点思考 [N]. 光明日报，2022-8-1.

张清敏，2006. 全球化环境下的中国文化外交 [J]. 外交评论（1）：36–43.

张智勇，2019. 芬兰人眼中的中国 70 年巨变——访芬中协会主席溥明睿 [N]. 光明日报，2019-10-4.

附录：芬中协会历年主席（1951—2023 年）

毛诺·皮可拉（Mauno Pekkala），1951 年至 1952 年 6 月 30 日，任期 1 年。

托沃·托维（Toivo Torvi），后更名为托沃·特兰耐（Toivo Teranne），1952 年 7 月 1 日至 1952 年底、1960—1969 年，任期 11 年。

艾伦·耶尔文佩（Allen Järvenpää），1953—1955 年，任期 3 年。

乌尔霍·卡霍宁（Urho Kähönen），1956—1960 年、1976—1984 年，任期 14 年。

马蒂·卡詹蒂（Matti Kajantie），1970—1976 年，任期 7 年。

彭蒂·苏奥梅拉（Pentti Suomela），1985—1990 年，任期 6 年。

艾尔西·海特麦迪·欧兰德（Elsi Hetemäki-Olander），1991—1995 年，任期 5 年。

陶诺·奥拉维·霍塔里（Tauno-Olavi Huotari），1996—2001 年，任期 6 年。

威利·卢森堡（Veli Rosenberg），2002—2016 年，任期 15 年。

高玉麒（Jyrki Kallio），2017—2018 年，任期 1 年。

溥明睿（Mikko Puustinen），2018 年至今。

作者简介

王烁，博士研究生，天津外国语大学欧洲语言文化学院副教授。研究方向：芬兰国别研究，文化外交，中芬关系。电子邮箱：wangshuo@tjfsu.edu.cn

中意少数民族语言保护政策对比研究及启示*

张海虹　李雅婧

摘要： 语言是人类进行社会活动的交际工具和思维工具，是民族的重要特征之一。中国和意大利都是多民族多语言的国家，如何保护少数民族语言是两国长期关注的话题。研究比较中意两国语言保护政策，对我国少数民族语言政策具有借鉴意义。本文通过从历史角度纵向梳理意大利少数民族语言保护政策的历史沿革，从内容角度横向比较地位规划、本体规划、教育规划三个维度下的中意少数民族语言政策，总结归纳意大利少数民族语言保护政策对我国的启示。

关键词： 少数民族；语言政策；中国；意大利

民族语言政策是指一个国家如何对待内部少数民族语言、如何规定少数民族语言社会政治地位的政策（池昌海，2014）。中国共有 55 个少数民族，其中 53 个民族有自己的语言，少数民族语言的总数超过了 80 种（丹珠昂奔，2009）。而意大利现存 10 余种少数民族语言（范淑燕，2011）。意大利语言学家费奥兰佐·托索（Toso，2009）指出，在全球化的进程中，世界上主要使用语言的范围不断扩大，逐渐威胁到原本属于民族语言的空间，因此少数民族语言的命运不容乐观。

关于“少数民族”这个概念，我国至今尚未有严格的定义。在 2005 年 5 月的中央民族工作会议上，“民族”一词被解释为“在一定的历史发展阶段形成的稳定的人们共同体”（中央民族工作会议精神学习辅导读本编写组，2005：10）。在我国，通常情况下少数民族具体指除汉族以外的其余 55 个法定民族。意大利少数民族语言保护政策中，主要使用“minoranza”“minoranza linguistica（语言上的少数民族）”和“minoranza etnica（少数族裔）”三种表达，本文对此不做概

* 本文系广东外语外贸大学国别与区域研究项目“文化融合视角下意大利移民语言教育政策研究”的阶段性成果。

念上的辨别和区分，均称为“少数民族”。

1　意大利少数民族语言保护政策的发展沿革

以1999年意大利共和国第482号法律《历史少数民族语言保护框架》（*Norme in materia di tutela delle minoranze linguistiche storiche*，下称第482号法律）为时间分割点，意大利的少数民族语言保护政策可分为两个发展阶段。第一阶段是1946年意大利共和国诞生至1999年，第二阶段是1999年至今。

1.1 第一发展阶段（1946年至1999年）

在意大利少数民族语言政策发展的第一阶段，从立法提案数上看，少数民族语言问题在20世纪八九十年代受到较多关注；从政策组成上看，国家宪法、不同领域法规和地区法律从国家和地区两个层面维护少数民族语言的合法权益。

在这一阶段，意大利不同选区的议员开始关注少数民族语言的保护问题。如1948年①至1999年，意大利众议院关于少数民族语言保护政策的提案数据显示，第一届至第八届立法会议上提案数量逐届上升，第八届和第九届达到峰值。1983年至1987年意大利第九届立法会上的22项法律提案，主要涉及撒丁语、弗留利语、德语、斯洛文尼亚语和奥克西坦语五种少数民族语言。尽管这些提案大多未能最终立法，但是不难看出少数民族语言保护已成为一个关注焦点。在第十三届会议上，少数民族语言问题再次成为热点，共计商议了21项提案，其中包括第482号法律的雏形——1997年第2973号法律提案《地区语言遗产保护框架》（*Norme in materia di tutela dei patrimoni linguistici regionali*）。这类提案的提出为意大利正式对少数民族语言立法奠定了基础。

① 1948年意大利共和国成立第一届立法会。

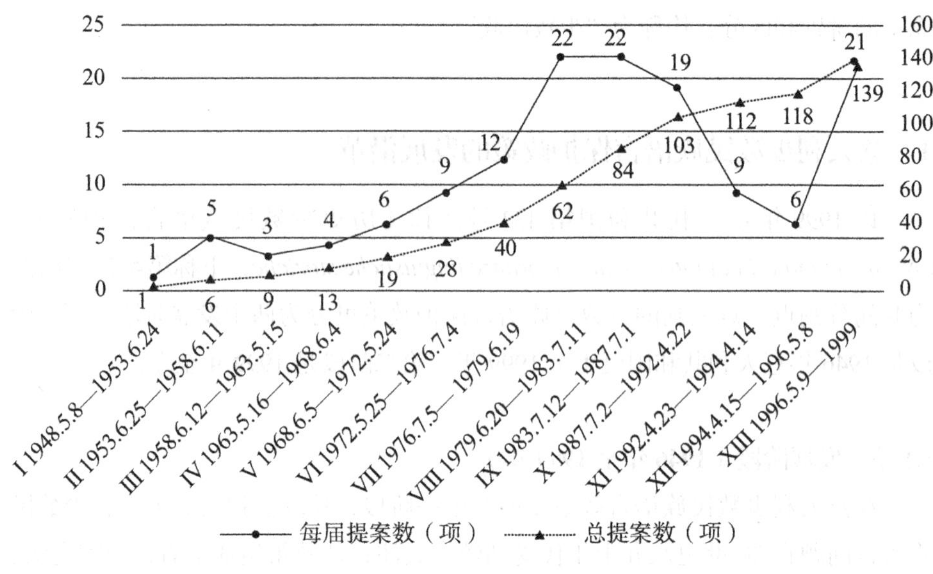

图 1　1948—1999 年意大利关于少数民族语言保护的提案 ①

对于这一阶段成形的政策法律，在国家层面，1947 年出台的《意大利宪法》（*Costituzione italiana*）赋予少数民族语言与官方语言同等的法律地位；在诉讼领域，1988 年《刑事诉讼法》（*Codice procedura penale*）规定少数民族有权要求翻译诉讼文件并以其母语参与问询；在教学领域，1973 年关于国家各级学校管理人员的第 477 条法律（*Legge 30 luglio 1973, n. 477*）规定，教学语言为非意大利语的学校可以雇用外国大学的专家和教师，保证非意大利语学校正常开展教学工作，并具备国家教育委员代表资格。

在地方层面，地区法令对区域内少数民族语言开展针对性保护工作。以意大利威尼托大区为例，该区 1994 年第 73 号法令《推动威尼托大区少数民族及其语言的发展》（*Promozione delle minoranze etniche e linguistiche del Veneto*）从历史研究、文化机构、传统活动三个方面着手，致力于保护少数民族所在地的历史证据并出版相关研究，建立地方博物馆和文化机构，拨专款组织社区传统习俗活动。另如，在巴西利卡塔大区，1996 年该区第 16 号法令《促进和保护巴西利卡塔大区的希腊–阿尔巴尼亚少数民族及其语言》（*Promozione e tutela delle*

① 数据来源：根据意大利众议院官方网站（https://storia.camera.it/documenti/progetti-legge#nav）上公布的数据整理所得。

minoranze etniche - linguistiche di origine greco - albanese in Basilicata）指出，应为发展语言研究、举办社区传统文化活动提供资金补助。

1.2 第二发展阶段（1999 年至今）

1999 年 12 月 15 日，意大利政府第一次为少数民族语言立法，通过了关于保护少数民族语言的第 482 号法律文件。该文件也成为意大利少数民族语言保护政策进入第二个发展阶段的标志。在这一阶段，意大利形成了国际法和国家法两个层级的少数民族语言保护体系。

在意大利国家法律层面，1999 年第 482 号法律将意大利境内的阿尔巴尼亚语、加泰罗尼亚语、日耳曼语、希腊语、斯洛文尼亚语、克罗地亚语、法语、普罗旺斯语、弗留利语、拉登语、奥克西坦语和撒丁语等 12 种语言列为受保护的少数民族语言，指出"共和国促进和推广所有受本法保护的语言和文化"。该法从权利保护的角度开创性地规定了意大利公民使用自己的语言表达思想的基本权利（Toso，2009），为今后将少数民族语言保护的范围扩大到历史少数民族以外的群体留下了发展空间（Piergigli，2017）。2001 年 5 月 2 日，意大利出台了第 345 号共和国总统令《关于 1999 年 12 月 15 日第 482 号法律的实施纲要》（*Regolamento di attuazione della legge 15 dicembre 1999, n. 482*），该法令进一步完善了少数民族范围的界定标准，建议幼儿园及中小学与当地大学开展少数民族语言教学实验。2001 年的第 38 号法律《弗留利–威尼斯朱利亚大区斯洛文尼亚少数民族语言保护框架》（*Norme per la tutela della minoranza linguistica slovena della regione Friuli - Venezia Giulia*）是第 482 号法律在弗留利–威尼斯朱利亚大区的本土化产物，强调尊重所有语言，鼓励跨区域合作，要求学校专设斯洛文尼亚语教师管理办公室，与斯洛文尼亚共和国的文化机构开展跨境合作。

在国际层面，欧洲委员会（Council of Europe）制定的公约不仅为意大利少数民族语言立法奠定了基础，而且促进了意大利少数民族语言保护法律体系的发展和完善。1995 年欧洲委员会通过《保护少数民族框架公约》，要求成员国保护少数民族的语言、传统、宗教和文化遗产，为少数民族的媒体广播提供支持，保证少数民族语言在名称、诉讼、教育等方面的使用。意大利在 1997 年通过第 302 号法律，正式批准在意大利境内实施该公约，并且意大利少数民族语言第一部立法（第 482 号法律）承袭了该公约的部分内容。按《保护少数民族框架公约》要求，意大利需每五年提交一份执行报告，欧洲委员会也会定期下发决议书，对意大利政府采取的措施进行评价并提出下一步的建议。例如，2002 年，欧洲委员会在决议书中肯定了特伦蒂诺–上阿迪杰大区德语少数民族保护政策的成效，并提出要促进罗姆人进一步融入意大利社会（Council of Europe，2002）；2006 年，欧洲委员会指出要加紧解决媒体报道中对少数民族的负面刻板印象和歧视问题（Council of Europe，2006）；2012 年，欧洲委员会建议意大利政府、公众和媒体提高人权意识（Council of Europe，2012）；2017 年，欧洲委员会督促意大利采取更及时有效的方式保护少数民族语言，尤其在媒体广播和教育投资方面，并且强调应着重保护人数较少的少数民族以及未包括在第 482 号法律中的罗姆人、辛提人和卡米南提人（Council of Europe，2017）；2019 年意大利执行报告重点关注了欧洲委员会提出的罗姆人、辛提人和卡米南提人的问题（Council of Europe，2019）。报告提到，2018—2019 年意大利内政部在全国范围内跟踪调查上述少数群体的详细信息，并在各大区举行专门会议讨论监测结果和对应方案，如伦巴第大区针对其住房、就业和辍学问题进行了商议。除了已进入意大利法律体系的公约，欧洲委员会其他的政策同样影响着意大利少数民族语言法律的建设，例如 1992 年欧洲委员会《欧洲区域或少数民族语言宪章》（*European Charter for Regional or Minority Languages*）虽未在意大利国内实施，但 2001 年意大利《关于 1999 年 12 月 15 日第 482 号法律的实施纲要》（*Regolamento di attuazione della legge 15 dicembre 1999, n. 482*）中有关少数民族地区电视广播的规定引用了其中的部分内容。

从历史脉络看，中意两国少数民族语言政策的发展有共通之处：其一，发展阶段的时间切分点相近，意大利以首部少数民族语言保护法——第 482 号法律为划分标志，我国虽未对少数民族语言专门立法，但我国 2000 年颁布的第一部关于语言文字方面的专门法律《中华人民共和国国家通用语言文字法》则指出“少数民族语言文字的使用依据宪法、民族区域自治法及其他法律的有关规定”，此后针对少数民族语言文字的文件增多；其二，两国早期政策构成都具有“总—分”的特点，意大利宪法和我国宪法、区域自治法在总体上为少数民族语言奠定了法律基础，教育、司法等领域普通法以及意大利大区法令则分别规范少数民族语言在社会生活不同领域的合法使用。

从政策制定看，由于两国国情不同，政策制定主体存在差异，我国语言政策由政府或相关部门颁布；意大利是欧盟国家，并于1948年成为欧洲委员会成员国，意大利签署并通过的欧洲委员会公约会直接在意大利实施执行，因此意大利少数民族语言政策涉及国内和国际两个部分。

2 中意少数民族语言保护政策对比

一个国家的少数民族语言政策对社会稳定、民族和谐具有至关重要的作用。对于语言规划的类型，豪根提出了社会维度的地位规划和语言维度的本体规划，认为地位规划包括选择（selection）和实施（implementation）两个部分，聚焦语言的外部特征，本体规划涉及编典（codification）和完善（elaboration），处理语言内部的问题（Haugen，2012）；库珀将语言学的规划从“实施”部分分离出来，提出教育规划（祝畹瑾，2018）。下面将从地位规划、本体规划、教育规划三个方面比较中意两国少数民族语言政策。

2.1 地位规划

语言地位规划是指为了使一种语言或方言的社会功能发生变化而针对其地位进行的规划（语言学名词审定委员会，2011），通常包括语言选择以及为增加语言使用者、扩大使用范围而进行的语言传播活动等（祝畹瑾，2018）。中意两国都在语言地位、语言使用和语言命名三个方面对少数民族语言的合法地位和社会使用进行了规范。

对于少数民族语言的法律地位，两国都通过宪法提供根本保障。我国宪法第一章第四条规定“各民族都有使用和发展自己的语言文字的自由，都有保持或者改革自己的风俗习惯的自由”，强调少数民族语言文字的使用权利和发展自由。意大利现行宪法第三条规定“所有公民不论性别、种族、语言、宗教、政治观点、个人社会状况，均具有同等的社会尊严，且在法律面前人人平等”[①]，强调各民族语言在法律面前地位平等；宪法第六条规定“共和国以专项法规保护

① 资料来源：笔者根据意大利共和国政府网站（https://www.governo.it/it/costituzione-italiana/principi-fondamentali/2839）公布的《意大利宪法》（*Costituzione Italiana*）翻译。下同。

各少数民族”，承认少数民族专项法的法律地位，为第 482 号法律的实施提供保障。

对于少数民族语言在政府机构的合法使用，两国在相关条款中都做出了详细表述:《中华人民共和国民族区域自治法》规定，民族自治地方的自治机关、人民法院和人民检察院应使用当地通用的语言文字处理事务；意大利 2001 年第 345 号总统令规定，少数民族聚集区的议会和公共行政部门（除武装部门和国家警察部队）中都可使用少数民族语言。两国的政策制定目的表现出相似性：一是保障少数民族语言在处理公共事务时与国家通用语言享有相同的法律效力，二是确保少数民族群体在政府机构能与工作人员无障碍交流。但政策实施方法有所差异：我国鼓励民族地区的工作人员相互学习各民族的语言文字，为提高“双语”人员覆盖率,《国家民委关于做好少数民族语言文字管理工作的意见》提出“双语”的激励机制和基层干部培训计划，要求在民族自治地方的机关、事业单位优先录用熟练使用“双语”的人员；意大利则规定在公共行政部门提供翻译服务，2001 年第 345 号总统令规定，在少数民族地区的公共行政部门应至少设置一个少数民族服务窗口，配备熟练掌握当地少数民族语言的翻译人员，同时配有少数民族语言版本的文字指示标语。

对于少数民族语言在名称上的使用，两国均认可少数民族以本民族语言命名的权利。《中华人民共和国居民身份证法》第一章第四条规定，少数民族居民身份证可以同时使用汉字和“实行区域自治的民族的文字”或者“当地通用的文字”；在意大利部分地区，少数民族公民曾因历史原因被迫舍弃本民族姓名，当地道路名称等也改为意大利语，第 482 号法律规定少数民族公民有权恢复原有姓名并以本民族语言命名，市议会可以根据当地的传统习俗选用地名。

2.2 本体规划

本体规划是指为了使语言标准化而对语言的结构进行的规划（语言学名词审定委员会，2011），少数民族语言文字的规范化、标准化工作有利于民族语言的健康发展。我国少数民族语言的本体规划主要由中央宏观统筹，各地方机构制定语言规范；意大利则主要由地方主导，依托当地政府下属文化组织和语言学术机构进行语言规范化活动。

在规划部署方面，我国中央各部门从宏观上就制定语言规范做出要求，如

2010年国家民委把“少数民族语言文字的规范化、标准化”作为民族语言文字管理的主要任务，要求做好少数民族语言文字规范的研制、宣传以及术语审定发布工作（国家民委教育科技司，2010）；地方单位承担规范的具体编写工作，如2022年发布的《蒙古语术语标准编写规定》由内蒙古地方民族语文杂志社和内蒙古自治区民族事务委员会起草（全国标准信息公共服务平台，2022）。意大利的少数民族语言规范化主要由地方政府协助或资助，依托当地研究机构或大学编制，如《意大利语–弗留利语双语大词典》（*Grande dizionario bilingue italiano-friulano*）由弗留利–威尼斯朱利亚大区重点资助，乌迪内大学、弗留利大学联盟、弗留利语文学学会等多家机构参与编撰。

在书写形式规范方面，出版正字法词典可以纠正错别字、异体字，推广规范字。以我国蒙古语为例，1998年内蒙古自治区新闻出版局和自治区语委主持出版《蒙古文正字法词典》，规范了存在一词多形、拼写混乱现象的2 000多个词条，是内蒙古自治区首部由政府职能部门主持、汇集各单位50余位专家编写的蒙古语言文字规范化词典。在意大利，地方政府以法规的形式发布官方拼写方案，作为少数民族文字规范。以弗留利语为例，乌迪内省受弗留利语正字法委员会委托，任命巴塞罗那大学泽维尔·拉穆埃拉（Xavier Lamuela）教授编制《标准弗留利语拼写》（*La grafia friulana normalizzata*），1996年第392号区政府法令（*Decreto del presidente della giunta regionale n. 392 del 25 ottobre 1996*）和第15号大区法（*Legge regionale 22 marzo 1996, n. 15*）以法律的形式将该方案定为拼写规范。

在词汇规范方面，词典是规范词汇用法、界定语义的工具书。我国《藏汉大辞典》《维汉大词典》《满汉大辞典》等辞典对少数民族文字具有重要规范作用。意大利词典编著工作主要由地方语言机构完成，如撒丁大区民族学高等研究所（Istituto superiore regionale etnografico）长期关注撒丁语的研究和推广，现已出版《撒丁岛洛古多雷语–意大利语词汇》（*Vocabolario sardo logudorese-italiano*）和《撒丁岛坎皮达诺语–意大利语短语词典》（*Dizionario fraseologico di sardo campidanese-italiano*）两部词典。除编撰词典外，编制和审定标准术语也是规范和统一名词术语的重要手段。我国少数民族的术语审定工作由地方民委或下设的名词术语工作机构负责，如2016年内蒙古自治区蒙古语名词术语委员会对“两会”部分汉蒙对照新词术语进行研究审定，2021年云南民委承办少数民族语文新词术语（第三批）规范暨专家评审会，审定彝文、哈尼文等12个文种来自《民法典》的113条术语。意大利则由地方政府依托语言机构调查、研究和制定标准术语，如对于标准弗留利语市镇村地名的确定。2007年弗留利–威尼斯朱利亚大区第29号法令《关于保护、开发、推广弗留利语的规定》要求大区根据弗留利语地区机构（Agenzia regionale per la lingua friulana）的提议确定，弗留利语地区机构通过深入调查，广泛收集地名信息，最终制定弗留利语官方地名规范，由2014年第16号大区主席令（*Decreto del presidente della regione 13 febbraio 2014, n. 16*）发布。

2.3 教育规划

教育规划是指教育领域的语言规划，与语言的学与教密切相关，涉及学习对象、师资、教学目标、教学方法和教材、财力资源、评价等多个方面（祝畹瑾，2018）。教育部门是文化传播和延续的媒介，开展少数民族语言教学活动、提高教学质量不仅是保障少数民族学生平等受教育权的重要途径，而且有利于从历史发展上科学保护少数民族语言。

在教学规划方面，根据《中华人民共和国民族区域自治法》，少数民族自治区享有发展民族教育的自主权，民族自治地方的自治机关可以在国家教育方针的指导下，制定本地区的“教育规划”以及“各级各类学校的设置、学制、办学形式、教学内容、教学用语和招生办法”；2016年《“十三五”促进民族地区和人口较少民族发展规划》对民族地区各级教育进行规划部署，要求继续发展学前教育行动计划，推动义务教育均衡发展，打造具有民族特色的职业学校并以就业为导向优化民族高等教育学科结构。在意大利，少数民族教育规划权下放到学校，第482号法律规定少数民族语言教学及传统文化活动的开展方式、教学时间、教学任务以及学生评估标准由中小学自主决定；2001年第38号《斯洛文尼亚语保护框架》（*Norme per la tutela della minoranza linguistica slovena della regione Friuli - Venezia Giulia*）具体规定了各级教育中民族教育的内容，要求幼儿园教学结合当地语言和传统文化，中小学阶段把斯洛文尼亚语以及历史文化教学作为必修科目。

在教学质量方面，2012年中国《少数民族事业“十二五”规划》开展了“民族地区教育基础薄弱县普通高中建设工程”和“民族院校和民族地区高校教育质量提升工程”;《“十三五”促进民族地区和人口较少民族发展规划》要求继续提升民族地区中小学和高等教育办学水平，对中小学课程加强管理指导，对高等教育布局进行优化，并通过开展五年一周期的全员教师培训提高教学能力。意大利 2001 年第 345 号总统令提升了大学在少数民族语言发展中的作用，少数民族地区的大学需要为教师提供专门的培训课程，并且鼓励大学与幼儿园、中小学合作，开展最长期限为三年的少数民族语言实验教学；自 2001 年起，瓦莱达奥斯塔（Valle d'Aosta）、弗留利（Friuli）、卡拉布里亚（Calabria）和普利亚（Puglia）等大区携手组织“小熊星座小星星计划（Le piccole stelle del Carro Minore）”，为四个地区的学校搭建起沟通的桥梁，有利于教师相互交流少数民族语言培养计划。

在“双语”教学方面,《国家民委关于做好少数民族语言文字管理工作的意见》从“双语”覆盖面、“双语”教师、“双语”教材和读物以及教学模式等方面制定措施;《“十三五”促进民族地区和人口较少民族发展规划》提出建立“双语教育督导评估和质量监测机制”，从“量”和“质”上同时促进少数民族语言学校教育的发展。意大利的第 482 号法律则明确规定了学校在各教育阶段教授当地少数民族语言的具体任务：幼儿园需要使用意大利语和当地少数民族语言两种语言进行教学，小学和初中应将少数民族语言作为一种教学手段。

从教学规划看，中意两国都把自主权下放给当地政府或学校，确保民族地区根据地区特点制定教学计划；从教学质量看，我国从质量和布局两个方面优化各级办学水平，意大利以发挥高校作用、建立各级各类学校合作为突出特点。此外，我国人口基数大，一些地方存在教育资源分配不均的现象，因此除在民族地区设立中小学外，还鼓励开办中等职业技术学校以及高等学校的民族班，目的是解决少数民族就业，降低接受高等教育的难度。

分析中国和意大利对少数民族语言的地位规划、本体规划和教育规划，不难发现两国少数民族语言保护政策呈现出内容上的相似性。语言地位问题是少数民族语言规划的基础问题和先决条件，因此两国均以国家大法的形式承认少数民族语言与通用语言同等的法律地位，并且保证少数民族语言在政府机构和名称上的合法使用；本体规划是少数民族语言健康发展的保障，对于少数民族语言的词汇和书写形式，两国都采取措施进行规范；教育规划是少数民族语言延续和传承的重要途径，规划权力下放、提高办学质量和推进“双语”教学有助于民族教育的发展。

同时，立足于不同的国情，中意两国的语言规划也各有特点，主要体现在组织、实施方式上。我国少数民族语言的规范化、标准化工作由中央各部委统筹方向，地方机构落实完成；意大利少数民族语言的本体规划中，地方政府的作用更加突出，地方政府委托研究机构制定规范化方案是较为常见的方式。在教育规划中，两国均采取自主权下放的方式，但规划主体归属不同层级，我国由民族自治地方依法制定民族教育教学计划，意大利则以少数民族学校为单位；此外，意大利更注重建立各级学校之间的合作，比如为不同地区的教师搭建交流网络，利用大学开展教学实验等，使资源利用最大化。

3 意大利少数民族语言政策对我国的启示

我国长期以来高度重视少数民族语言文字管理工作，现已形成“国家、省区、州盟、县旗四级少数民族语言文字工作管理网络和跨省区少数民族语言文字协作体系”（国家民委教育科技司，2010），少数民族语言文字保护工作也已取得一定成果，但仍可以进一步改进和完善。意大利少数民族语言保护政策的实施经验能为我国相关政策的制定和实施提供借鉴。

3.1 发挥学校宣传作用

意大利在民族语言政策中强调学校教育的作用，要求少数民族语言课程在学校总体教学安排中占有一定比例，从小培养学生使用少数民族语言的能力。进入 21 世纪后，我国少数民族的人口流动参与度逐步攀升，2020 年首次超过汉族，广东、浙江等东部省份成为重要流入地（黄凡，段成荣，2022）。因此，除了继续加强多民族杂居区和汉族聚集区的民族学校建设，实行“双语”政策以外，我国还可在东部省份各大高校、中小学开设多种少数民族语言选修课，组织学生社团，举办宣传活动，让更多的学生在成长过程中有机会接触和了解少数民族语言和文化，促进各民族交流交融，助力形成中华民族多元一体的格局。

3.2 坚持尊重民族语言

少数民族语言发展问题应充分尊重少数民族的意愿。学校教育是关系到少数民族语言能否传承的关键，意大利第482号法律规定，少数民族家长有权决定学生是否接受少数民族教育，也可对少数民族语言的教授方法、教师的聘用方式和学生成绩的评估标准提出要求，通过这种方式，意大利提高了少数民族公民对本民族语言的教学工作及有关语言传承活动的参与度。我国少数民族数量众多，不同民族的语言现状和分布情况千差万别，对于少数民族语言的使用和发展问题，也可以收集本族人的意见和建议，根据不同民族的实际情况合理规划。

3.3 因地制宜制定政策

意大利部分地区根据当地语言现状，制定特有的民族语言政策。在特伦蒂诺-上阿迪杰大区推行“一区三种教育模式”（Ragni，2006：19），在波尔扎诺自治省实施德语、意语双语的教育模式，在上阿迪杰地区从幼儿园开始教授德意双语，中小学引入英语教学，在拉迪诺语区则是德语、意大利语、英语和拉迪诺语的四语教学模式。

我国的少数民族有不同的分布特点和语言使用现状。按民族居住模式，有的民族呈现离散分布格局，有的集中在范围较大的少数民族聚集区；按语言文字使用情况，有些少数民族语言广泛应用于政治、经济、文化等社会生活各领域，有些仅通用于少数民族内部。我国在制定地方层面的少数民族语言工作条例、地方性法规时，可以更多地结合当地语言、民族和地域情况，根据上位法细化少数民族语言保护工作的条例内容、部门职责，并进行责任认定，从教学规划方式、宣传保护、文化传承等方面制定有针对性的专项政策。

4 结语

少数民族语言文字不仅是少数民族日常生活的交际工具，也是民族文化的载体。通过比较中国和意大利少数民族语言政策的发展沿革和语言规划，可以发现两国政策既有共通之处，也表现出不同特点：第一，在发展历程上，两国民族语言政策都在世纪之交迈入了新的发展阶段，但在政策定位上有不同侧重点，意大利为少数民族语言立法，侧重民族语言地位保护问题，而我国“大力推广和规范使用国家通用语言文字”与“科学保护各民族语言文字”并行，侧重语言资源保护问题；第二，两国少数民族语言政策都基本覆盖地位规划、本体规划、教育规划三个维度，但基于不同的语言国情，两国的组织和实施方式有所差异。

在欧洲委员会公约、国家法律和地方法规的组织下，意大利少数民族语言保护政策一直在不断发展和完善，其成功经验和不足之处亦可为我国民族语言政策的制定和推广提供参考。在今后的少数民族语言保护工作中，我国可以充分发挥学校的宣传作用，传承民族语言文字和文化，并基于平等尊重的原则，制定符合民族语言现状的保护政策。

参考文献

Council of Europe, 2002. *Resolution ResCMN(2002)10 on the implementation of the Framework Convention for the protection of national minorities by Italy* [Z]. (2002-07-03) [2022-10-11]. https://search.coe.int/cm/Pages/result_details.aspx?ObjectId=09000016804e8819.

Council of Europe, 2006. *Resolution ResCMN(2006)5 on the implementation of the Framework Convention for the protection of national minorities by Italy* [Z]. (2006-06-14) [2022-10-11]. https://search.coe.int/cm/Pages/result_details.aspx?ObjectId=09000016805d7d96.

Council of Europe, 2012. *Resolution CM/ResCMN(2012)10 on the implementation of the Framework Convention for the protection of national minorities by Italy* [Z]. (2012-07-04) [2022-10-11]. https://search.coe.int/cm/Pages/result_details.aspx?ObjectId=09000016805ca700.

Council of Europe, 2017. *Resolution CM/ResCMN(2017)4 on the implementation of the Framework Convention for the protection of national minorities by Italy* [Z]. (2017-07-05) [2022-10-11]. https://search.coe.int/cm/Pages/result_details.aspx?ObjectId=090000168073038c.

Council of Europe, 2019. *Fifth Report submitted by Italy* [Z]. (2019-04-08) [2022-10-11]. https://rm.coe.int/5th-state-report-italy-english-language-version/168093f016.

Haugen, E. 2012. Progress in Language Planning: International Perspectives [M]. In J. Cobarrubias & J. A. Fishman (Eds.), *The implementation of corpus planning: Theory and practice*. Boston: De Gruyter Mouton: 269-290.

Piergigli, V. 2017. La costituzione italiana delle minoranze linguistiche tra principi consolidati, riforme mancate e prossime sfide [J]. *REAF*, (26): 165-206.

Ragni, T. 2006. *Annali della Pubblica Iscrizione* [M]. Firenze: Le Monnier.

Toso, F. 2009. Patrimoni linguistici e lingue minoritarie: La prospettiva europea e quella italiana [J]. *AnnalSS*, 5(2009): 115-125.

池昌海，2014. 现代语言学导论 [M]. 第 4 版 . 杭州：浙江大学出版社 .

丹珠昂奔，2009. 国家民委副主任丹珠昂奔谈加强少数民族文化建设、促进少数民族文化事业发展 [Z].（2009-07-29）[2022-10-11]. https://www.gov.cn/zxft/ft181/wz.htm.

范淑燕，2011. 意大利保护少数族群语言政策与措施的研究 [D]. 北京：对外经贸大学 .

国家民委教育科技司，2010. 国家民委关于做好少数民族语言文字管理工作的意见 [Z].（2010-05-14）[2021-11-02]. https://www.neac.gov.cn/seac/xxgk/201006/1079331.shtml.

黄凡，段成荣，2022. 人口流动与民族空间互嵌格局的发展演化——基于第三至第七次全国人口普查数据的分析 [J]. 西北民族研究，2022（06）：128－142.

全国标准信息公共服务平台，2022. 蒙古语术语标准编写规定 [Z]. (2022-03-25)[2022-10-11]. https://std.samr.gov.cn/db/search/stdDBDetailed?id=DBF951315A70AD98E05397BE0A0AC0C8.

杨友孙，2014. 欧洲对“少数民族”概念的界定探析 [J]. 当代世界与社会主义（2）：173－179.

语言学名词审定委员会，2011. 语言学名词 [M]. 北京：商务印书馆 .

中央民族工作会议精神学习辅导读本编写组，2005. 中央民族工作会议精神学习辅导读本 [M]. 北京：民族出版社 .

祝畹瑾，2018. 新编社会语言学概论 [M]. 北京：北京大学出版社 .

作者简介

张海虹，广东外语外贸大学意大利语专业教授，文学博士。研究方向：中意文化比较和意大利语词汇语义学。电子邮箱：gioiazh@qq.com

李雅婧，广东外语外贸大学 2023 届意大利语方向硕士毕业生，湖北襄阳市第二十四中意大利语教师，文学硕士。研究方向：中意文化比较。电子邮箱：caterinaliyajing@163.com

文化教学融入中东欧语种人才培养的实践与探索

——以“波兰饮食”一课为例 *

张慧玲

摘要：在“一带一路”倡议和“中国—中东欧国家合作”机制的影响下，我国中东欧语种专业布点数量增多，然而，目前我国外语界对此类语种教学方面的研究还比较少。关于中东欧语种人才培养中的文化教学，现有研究主要针对本科高年级学生，针对本科低年级学生的相关探索不多。文化教学是外语人才培养中必不可缺的一环，应当融入外语人才培养全过程。本文以“波兰饮食”为例，探讨如何在中东欧语种人才培养本科低年级阶段融入文化教学，以便为高年级文化知识的学习和文化传播能力的培养夯实基础。

关键词：中东欧语种；本科低年级；文化教学；人才培养

1 引言

“一带一路”倡议的实施和“中国—中东欧国家合作”机制的建立促进了我国与中东欧国家间各领域的合作，激发了对通晓中东欧国家语言、文化和国情的国际化人才的需求，从而推动国内高校（其中以外语类院校为主，但也不乏综合类及其他专门类大学）建立了一大批中东欧语种专业[①]。中东欧语种专业

* 本文是2021年浙江省习近平新时代中国特色社会主义思想研究中心浙江外国语学院研究基地课题“以波兰和捷克为例的习近平思想中东欧传播平台建设及传播能力提升研究”（立项编号：2021JDYB5）及浙江外国语学院2022年度外语教育研究中心课题“中东欧非通用语教育中的国际传播能力培养路径探索”（课题编号：22FLERb2）的阶段性成果。

① 本研究讨论的中东欧语种专业参考了董希骁在其2018年所发表论文《中东欧国家语言政策对我国非通用语人才规划的影响》及《中东欧国家语言动态与我国相关语种教育规划》中罗列的中东欧语种，并包括2019年加入“中国—中东欧国家合作”机制的希腊的官方语言——希腊语。

点实现“井喷式”增长以来，国内学界出现了对我国欧洲非通用语教育状况的整体考察和评价，指出了存在的问题并提出了相关对策（董希骁，2016，2017，2018a，2018b，2018c，2019a；张春芳，李萍，2017），同时也有针对某一所高校某一中东欧语种专业培养模式的探讨和分析（张志军等，2013；于大春，2018；张茜，2019；沈乐敏，2021；余淼，廖思米，2022）。然而，要培养出符合时代发展需求的人才，除了从顶层设计合理的培养方案和培养模式外，落实好一线教学工作、上好每一节课也是十分重要的，毕竟任何人才培养计划最终都必须通过课堂来实现。假如将人才培养方案比喻为一座高楼，课堂便是垒砌起这栋高楼的砖和瓦。

然而，我国高校非通用语种的教学理念和方法仍显滞后（董希骁，2019a），我国外语界目前在非通用语种教学领域的研究也相对匮乏。笔者利用中国知网的“高级搜索”功能，设置主题“某一中东欧语种＋教学”（如：波兰语＋教学）进行搜索，收集到与针对中国学习者的外语教学相关的中文文献共计9篇，涵盖语种有波兰语（郝家昌，2019；毛蕊，2022）、匈牙利语（陈煜，2010，2011；李昌璐，2018；李傲然，2019；王炳霖，2022）、罗马尼亚语（董希骁，2019a）和希腊语（王群，2017）。部分文献从培养学生跨文化意识和跨文化交际能力的角度讨论了如何将文化知识融入语言技能训练之中，但这类探讨缺乏具体的案例分析，提出的举措建议大都有很强的概括性。董希骁则以“餐桌礼仪”主题教学实践为例，详细介绍了产出导向法在本科三年级的罗马尼亚语课程中的应用，是将文化知识融入语言教学的一次有益尝试。毛蕊在分析波兰语熟语教学过程时强调了文化知识的引入对促进语言学习的重要意义。此外，笔者还通过关键词“中东欧语种”搜索到北京第二外国语学院以“中东欧国家报刊阅读”课为例的中东欧语种教学模式的探索与实践。该研究通过具体的教学案例分析，从教学目标、内容选材、专题模块等多个维度探索了如何将思政元素嵌入中东欧语种教学全过程，提供了颇具借鉴意义的专业教学与思政教育同向同行的路径（杨彬，蒋璐，2022）。该案例中融入的中国主题元素，如红色文化、中国精神、中国担当等，其实都是中国特色社会主义文化的重要组成部分，因此可以将该案例视为将文化内容融入语言教学的一次积极探索。四川大学则针对中东欧语种专业的国家概况类课程开展了类似的教学实践，将中华民族优秀传统文化和中国特色社会主义核心价值观融入对象国国家概况教学中去（潘颖子，2022）。

综上可见，现有中东欧语种教学研究探讨的主要是将文化知识或文化内容融入语言教学的路径，缺乏对相关语种人才培养过程中通过独立的一门课程进行文化教学的探索。此外，上述文献中除了部分没有根据年级对教学方法进行区分，其他研究所面向的对象均为本科高年级，即大三或大四的学生。如何将文化教学融入本科低年级（大一或大二）阶段的中东欧语种人才培养，是本文尝试要回答的问题和试图弥补的空白。

2 外语人才培养中的文化教学

司联合指出，“文化教学指与人们交际或外语教学有关的文化知识的传授，也就是研究两个社会文化的相同和差异之处，使学生对文化差异有较高层次的敏感性，并把它用于交际中，从而造成圆满成功的交际”。他认为，文化教学的重点是大众文化。文化教学决不能局限于传授文化事实，还要培养学生的跨文化交际能力（司联合，2001：103–104）。文化教学的方法多种多样，“人种学方法、跨文化比较的方法、话语分析的方法、小组合作的方法、案例分析的方法、多媒体教学都被证明是文化教学的有效方法”（祖晓梅，陆平舟，2006：124）。传统的外语人才培养模式将语言能力的培养作为首要目标，而非通用语种人才培养受制于学生“零起点”的语言水平，不得不加大语言教学的比重。然而，“语言学习并不能自动地促使跨文化理解能力的提高……要提高学生的跨文化理解能力必须将文化学习作为‘显性课程’贯穿于外语教育的始终，而不能将其作为‘隐性课程’被语言技能的培养目标所遮蔽”（陆晓红，2010：83）。目前，越来越多开设了中东欧语种专业的院校在人才培养方案中安排了独立的课程进行专门的文化教学。本研究探讨的文化教学，即在外语人才培养的整体框架下，通过开设专门的课程，传授与跨文化交际和外语教学有关的文化知识，并培养跨文化交际能力。

设立专门的课程进行文化教学，是为了将文化教学置于和语言教学同等重要的地位，但这并不意味着在这类课程中完全舍弃语言教学。语言是文化的重要组成部分，不可能脱离文化独立存在，而文化的保存、继承、传播和发展又依赖于语言这一重要形式。语言与文化密不可分的关系决定了语言教学和文化教学相辅相成、并肩而行的关系。人类语言作为人类智慧的结晶，承载着其背后一个民族的思维方式、道德信仰与风俗习惯，提供了看待世界和理解世界的不同视角，因此，除了基本的交际功能，语言的文化功能不容小觑，它是学习者了解文化的有力工具。语言本身也可以作为一种文化知识，成为文化教学的素材。大多数作为语言学习的练习也可在改编之后用作文化教学的练习（陆晓红，2010）。另一方面，根据二语习得理论，通过学习有意义的内容、联系学习者以往的经历和知识，以及师生间和同学间的互动和意义协商，语言学习会更加有效。文化是学习者熟悉并感兴趣的话题，文化教学为语言教学提供了有意义的内容和真实的语境（祖晓梅，陆平舟，2006）。

目前，我国大部分开设了中东欧语种专业的高校都采取了"复语型"人才培养模式，学生在学习专业语种的同时还要继续学习英语，修读包括英语国家文化在内的课程。我国本科阶段的学生进入大学前基本都已接受过多年的英语语言文化学习，而对中东欧语种的学习则绝大部分是从零起点起步。因此，面对长期受到英语国家文化影响的中东欧语种专业学生，尽早引入文化教学，培养学生多元辩证的文化意识和文化思维，显得尤为迫切。此外，与高年级的语言学习者相比，低年级学生受制于语言水平，很难马上用对象国语言学习文化知识，这给低年级文化教学与语言教学相结合带来了不小的挑战。

我国外语教学除了引进国外文化并搭建中外文化交流的桥梁，更肩负着对外输出中华文化的使命。将文化教学融入外语人才培养，目的不在于一味灌输对象国文化，而在于让学生知彼知己，最终能够用目标语和对象国人容易接纳的方式传播自己本民族的文化。对本民族文化缺乏自信和自豪感的人，也难以在跨文化交际中赢得对方的尊重和信任（罗玲，2015）。尽管"中国—中东欧国家合作"机制自启动至今已有十年，中东欧国家对中国的了解仍然不够全面、深入、准确，该地区许多主流媒体和智库依旧将《纽约时报》等西方主流媒体作为它们报道中国的信息源。由此可见，将文化教学融入人才培养全过程，塑造一批能够有效输出我国本土文化、讲好中国故事、传播好中国声音的中东欧语种人才，是我国中东欧语种教学界亟须完成的时代任务。

3 饮食在文化中的地位

民以食为天，饮食是人类最基本的物质生活需求，饮食层面的满足成就了精神层面的进步。饮食永远是所有民族文化中不可或缺的一部分。“饮食文化作为中西文化最有代表性的文化现象，是最能体现中西文化差异的文化现象之一”（刘志成，2019：199）。以餐具为例，国内学者如刘志成，国外学者如法国哲学家罗兰·巴特，都曾指出中西方人使用的不同餐具蕴含着不同的文化思想：西方人惯用的刀叉反映的是西方文化主张的“天人二分”“天人相争”思想，而中国人惯用的筷子则体现了中华传统文化倡导的“天人合一”“天人和谐”的哲学理念（刘志成，2019：200–201）。语言和文化密不可分，饮食文化的差异自然也体现在语言之中。以烹饪类词汇中的热加工动词为例，汉语中的“炒”往往很难在印欧语系语言中找到完全对应的词汇。由于各民族文化的形成深受地理环境因素的影响，而地理环境是影响饮食的关键因素，我们将其他民族的饮食文化译入汉语时，也会遇到同样的问题。

中华美食名满天下，受到世界各国人民的喜爱。纪录片《舌尖上的中国》和美食短视频创作者李子柒在海外取得的巨大成功再次印证了中华饮食文化的独特魅力。中国人生长并长期浸淫于博大精深的中华饮食文化之中，一旦踏出国门，对饮食文化的差异会异常敏感，最易在饮食层面产生文化疏离感，甚至文化休克。下面这段引自文学作品的内容用诙谐的口吻生动形象地描绘了中国人在饮食跨文化交际中常有的境遇：

> 国人于吃独有心得，外国厨子难得其门而入，故而国人远走异国他乡，往往难以吃到一道正宗的家乡味，五脏庙里‘报国无门’，只能自己动手，把一个个吃货生生逼成了厨子。（贾飞黄，2017）

由此可见，尽早在外语人才培养中融入饮食文化教学，有助于学生为可能遇到的饮食文化冲击提前做好心理准备。饮食本身也是外语教学中永远占有一席之地的话题，同时也是最受学习者欢迎的学习内容之一。本文介绍的“波兰饮食”一课实际上是“波兰现当代文化与艺术”这门课程中的一课。笔者于课程正式开始前在授课班级中开展了一次题为《波兰现当代文化与艺术课程主题征集》的问卷调查，为学生们列举了20个文化主题，请他们选出他们认为应该在这门课程中学习的，同时也感兴趣的主题，并给所罗列的主题按1—5级打分，分值越高，表示学生对该主题的学习需求越大，且兴趣度越高。结果显示，

“饮食”获得的平均分最高，是学生们最需要学习也最感兴趣的主题。综上，本研究选取饮食这一最具代表性的教学主题进行探讨。

4 “波兰饮食”课例分析

4.1 学情分析

本课“波兰饮食”的教学对象是浙江外国语学院波兰语专业本科一年级学生，全年级共 1 个班，全班 7 人，其中女生 5 人，男生 2 人。除去 1 名出于兴趣爱好从中学起就自学波兰语的男生，其余 6 名学生均是在进入大学以后才开始学习波兰语。本课开课学期为春季学期，因此，开课前学生已接受过一学期专业的初级语言技能训练，并上过用汉语授课的“波兰国情”这门课程，对对象国的基本国情有了一定的了解。另外，本课开始前，学生已在“基础波兰语”这门课中学习过食物、烹饪和点餐类的基础词汇、句型和对话，认识了典型的波兰菜，对波兰饮食有了初步了解，但已学内容仅停留在对词、句、对话的识记层面，基本没有涉及文化知识，更没有涉及与学习者母语文化的对比。基于上述学情分析，本课的教学设计如下。

4.2 教学目标

本课从知识、技能、思辨与情感三方面设定教学目标。具体目标见表 1。

表 1　教学目标

知识目标	（1）进一步巩固并熟练掌握常见的波兰菜名及相关食物类词汇； （2）了解典型波兰菜的烹饪方法； （3）掌握描述一道菜肴的基本句型； （4）了解中波饮食基本的异同点。
技能目标	能够用所学词汇和句型描述一道中国菜（家乡菜）。
思辨与情感目标	（1）能够从文明互鉴、文化交流的角度看待中波饮食的异同； （2）能够从历史视角出发，认识到饮食在文化交流中的重要作用； （3）树立对源远流长、博大精深的中华美食文化的认同感和自信心，形成对外传播中华优秀美食文化的使命感。

以上教学目标既包括文化教学目标（了解中波饮食异同点、认识饮食在文化交流中的重要作用等），也包括语言教学目标（掌握词汇、句型等）。其中，思辨与情感目标是本课的重点授课目标，技能目标则是本课试图通过一系列输入材料的驱动使学生最终产出的成果。

4.3 教学内容

为达成上述教学目标，本课以美国心理学家杰罗姆·S·布鲁纳在其著作《教育过程》中提出的"螺旋式课程"为依据，安排了下列教学内容（布鲁纳，1982）。

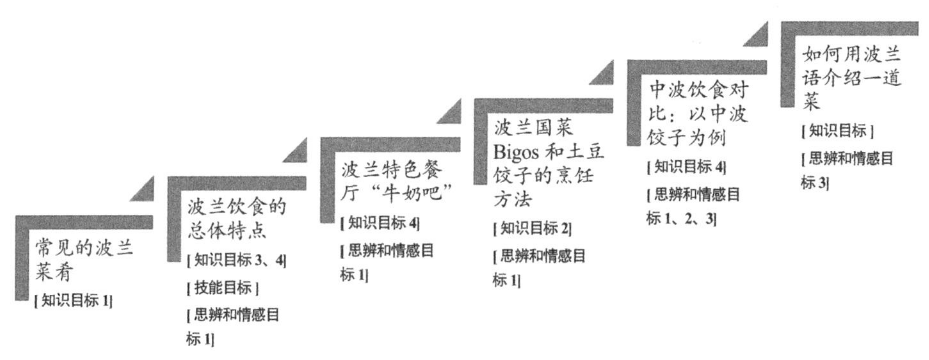

图1　螺旋式教学模式下形成的教学内容梯度及其对应目标

本课的教学重点是波兰饮食的总体特点、中波饮食对比和如何用波兰语介绍一道菜，而中波饮食对比也是本课的教学难点。

4.4 教学方法、语言和材料

如上所述，本课采用螺旋式教学模式，依照学生现阶段的思维方式设计教学，随着学习的深入，不断拓宽并加深教学内容，在教学过程中呈现螺旋式上升态势。螺旋式教学模式下的每一个教学环节都与上一个教学环节环环相扣，形成上升梯度，从学生已学过的"旧知识"过渡到"新知识"，难度从易到难逐步递进，从输入到产出。学生主要通过完成教师设计的习题或任务逐步加深对波兰饮食的认识，再通过教师引导和问题激发把握中波饮食的异同，最后根据所学内容完成用目标语阐述本民族文化的目的。

本课力图将内容和语言融为一体，因此绝大部分内容采用目标语，即波兰语为授课语言。基于授课对象的语言水平，采用较简单的授课语，且放慢语速，涉及较深的文化内容时，采用汉语教学。

本课使用的教学材料为教师依据现有的原版波兰语教材、波兰各网站的文章及与饮食相关的波兰语学术论文自主编写。材料用波兰语写成，经过外籍教师审阅，确保没有语言错误。同时采用了视频、幻灯片等多媒体材料，实现多模态教学。

4.5 教学流程

按照上述教学内容梯度（图 1），本课教学流程设计如表 2 所示。整个流程共 2 课时，每课时 40 分钟，连续授课。

表 2　教学流程

教学环节	教学过程	说明
1. 导入（10 分钟）	（1）教师通过问题“我们已经了解了哪些波兰菜?”激发学生对已学过的波兰菜肴类词汇（żurek, gołąbki, pierogi, sernik, bigos）的记忆。 （2）学生完成第一道习题：将给出的波兰菜肴名释义与其对应的菜肴图片连接起来，再说出该菜肴的波兰语名称。	
2. 波兰饮食的总体特点（15 分钟）	学生须完成第二道习题，即阅读短文并回答问题，以此对波兰饮食的总体特点形成初步把握，并掌握以下词汇和句型：kuchnia polska（波兰饮食）；potrawa（菜肴）；W kuchni polskiej najpopularniejsze potrawy to…（最著名的波兰菜是……）；Inne specyficzne potrawy to…（其他特色菜有……）；na prawdziwy polski obiad je się coś（一顿真正的波兰午餐应该有……）；Do obiadu piją coś（午餐时人们喝某物）；Na deser jedzą coś（人们将某物作为饭后甜点吃）。	教学由词汇过渡至由简单句构成的短文。短文由教师在参考多方素材的基础上结合学生现阶段水平写成，辅以必要的少量中文注释，整体难度略高于学生现阶段语言水平，旨在让学生通过教师在授课过程中搭建的脚手架到达最近发展区。

（续表）

教学环节	教学过程	说明
3. 波兰特色餐厅“牛奶吧”（学生展示环节，10 分钟）	（1）学生借助幻灯片进行以“牛奶吧”为题的课堂展示，介绍这一波兰特色餐厅的起源、发展历程和历史特色。由于学生语言水平仍处于初级，而展示所介绍的内容有一定深度，所以学生主要使用汉语进行展示，但须用波兰语介绍关键词，如 bar mleczny（牛奶吧）。	按照课程要求，每位学生须在一学期内完成一次课堂展示。本堂课上进行展示的同学由教师在课前指定；该生在课前接受教师指导，并进行资料收集与整理，将资料做成幻灯片。
	（2）展示结束后教师予以适当口头点评。	对学生展示的评价（评分）由教师评价和同伴评价组成，评价依据为教师制订的评价量表，最终得分计入学生个人的期末成绩，具体评价方式此处略。
4. 波兰国菜 bigos 和土豆饺子的烹饪方法（15 分钟）	（1）学生观看一段展示波兰国菜 bigos 制作过程的网络视频。该视频使用波兰语，且带关键词字幕。学生根据视频内容完成第三道习题——将给出的食谱填写完整，以此复习如 kiełbasa（香肠）、czosnek（大蒜）、cebula（洋葱）等基本的食物名词及其简单变格。 （2）学生观看一段展示波兰国菜土豆饺子制作过程的网络视频。该视频使用波兰语，无字幕。学生根据视频内容完成第四道习题，从给出的食材中选择制作土豆饺子的食材，复习如 mąka（面粉）、ziemniaki（土豆）、ser biały（白奶酪）等基本的食物名词。教师要求学生边观看视频边思考：从烹饪方式看中波饺子有何异同点。	比较中波饺子的异同点可以激发学生的比较辩证思维。

（续表）

教学环节	教学过程	说明
5. 中波饮食对比：以中波饺子为例（20 分钟）	（1）教师同时展示中波两国饺子的图片，要求学生分析两国饺子的异同点。为鼓励学生踊跃发言，允许学生用汉语发言。教师引导学生从表层（外形、馅料、制作方法）到深层（吃饺子的时节与场景、饺子蕴含的寓意）逐步分析。	参考答案：中波饺子除馅料有较大差异外，外形和制作方法相似度极高；主要食用场景均为重大节日家人团聚之时，在两国文化中都有团圆、幸福、美好的寓意。
	（2）教师引导学生进一步思考：看似差异应该很大的两种文化却拥有十分相似的美食，这一事实背后有何深层含义？	参考答案：饺子在两国文化中都意味着团圆和美满，体现了人类对美好生活共同的追求，印证了人类命运共同体的理念。
	（3）教师再引导学生思考：各民族饮食文化中的相似之处也与文化交流有关，美食既是文化符号，也是文化交流的使者。欧洲历史上意大利博纳皇后嫁给波兰国王齐格蒙特一世，将意大利饮食文化带入波兰，影响深远。至此，教师提问：我们中国历史上是否有过类似事件？以此激发学生联系本民族历史。	参考答案：张骞出使西域的经典文化交流事件，认同文化交流和文明互鉴的历史性、合理性与必然性。
6. 如何用波兰语介绍一道菜（10 分钟）	（1）教师从初级波兰语教材中选取一篇介绍波兰饺子的范文在课堂上展示，请学生们逐句朗读，确保学生理解全文，重点掌握下列句型：Pierogi to danie na obiad（饺子一般在午餐时吃）；Mamy różne rodzaje pierogów（我们有不同种类的饺子）；W lecie jemy coś（夏季时我们吃某物）；Domowe pierogi są bardzo smaczne（家常饺子特别好吃）；Możemy jeść pierogi codziennie i w specjalne dni（饺子既可以在平日里吃，也可以在特别的日子里吃）；Kiedy jest Boże Narodzenie, jemy coś（圣诞节时我们吃某物）。	

（续表）

教学环节	教学过程	说明
6. 如何用波兰语介绍一道菜（10分钟）	（2）作业：学生参照范文，结合已学内容，用波兰语介绍一道家乡美食。	

上表所列教学流程中的“中波饮食对比”环节既是本课的重点，也是本课的难点。如图2所示，为了升华本课的文化教学，本课在整堂课的教学内容梯度的基础上，将中波饮食异同所涉及的文化知识再次进行梯度区分。正如上表中该环节的说明所示，教师通过提问，一步步引导学生从文化的表层现象走向其深层意蕴，从而实现本课设定的思辨与情感目标。

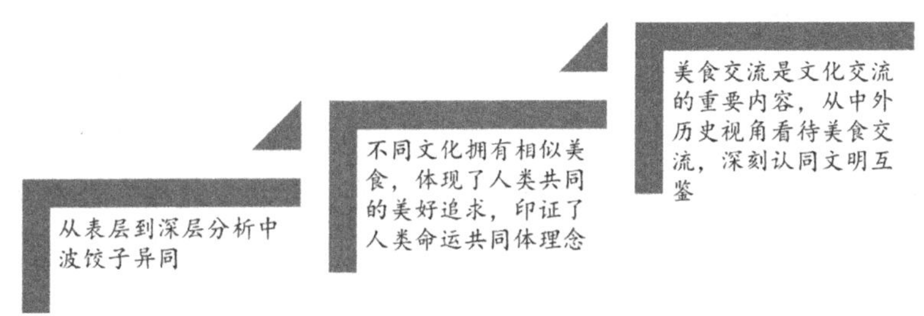

图2　文化教学内容梯度

4.6 教学效果反馈及教学反思

从学生课后作业的完成情况看，学生对自己家乡的饮食文化有较深的认识，并且能够灵活运用所学词汇和句型介绍家乡美食，有的学生甚至详细介绍了美食的历史渊源。目前，部分学生的作文已经被波兰共和国驻上海总领事馆创办的杂志采用并发表。

通过观察课堂中学生的反应以及分析授课结束后学生们的口头反馈，笔者认为，上述教学设计符合本专业低年级学生的学习兴趣、学习需求和认知水平，学生能够在教师引导下找到合适的切入点进行中外文化对比，课程能够激发和增强学生对对象国文化的兴趣，并对树立和巩固学生对本民族文化的信心有一定帮助，能够让学生产生传播本民族文化的欲望。

另一方面，笔者也意识到本课存在的一些问题。首先，教学目标的可评性和可测性不高，尤其是思辨与情感目标稍显宽泛，其评价工具和评价标准也亟待完善；其次，实际教学中，学生受外语水平和文化背景知识限制，课堂上能够主动发挥的空间不大，文化教学和语言教学的融合还不够自然；最后，作为“波兰现当代文化与艺术”这门课程的其中一课，本课的教学思路是否适用于其他文化主题的教学，仍待考察。

5 结语

目前，我国许多高校都已开设中东欧语种专业，然而，目前我国外语界对此类语种教学方面的研究还比较少，尤其是中东欧语种人才培养中的文化教学，针对本科低年级学生的相关探索不多。这是我国中东欧语种教学界亟待解决的研究问题之一。对此类专业本科低年级学生的文化教学展开实践探索，有利于尽早培养学生多元辨证的文化思维和传播本民族文化的意识，为高年级更深层次的文化学习和文化传播能力的提升夯实基础。本次教学实践利用了学生较易产生兴趣的经典主题，基于螺旋式教学模式进行了一次本科低年级文化教学融入语言教学的尝试。然而，本次实践面向的群体数量偏小，受制于专业招生规模无法进行平行班对比，实践中存在的一些问题也需要在之后的教学中不断探索解决办法；此外，不同的文化主题由于具体内容的差异，或许无法全部直接套用同一种教学思路。因此，如何更好地将文化教学融入中东欧语种人才培养，需要继续在学生反馈和教师反思的基础上不断探索和优化。

参考文献

布鲁纳，1982. 教育过程 [M]. 邵瑞珍，译 . 北京：文化教育出版社 .

陈煜，2010. 浅论多媒体在匈牙利语教学中的应用 [J]. 新课程学习（综合）(12)：94.

陈煜，2011. 浅论在全球化背景下匈牙利语教学中的跨文化意识培养 [J]. 科学大众（科学教育）(7)：127–128. DOI:10.16728/j.cnki.kxdz.2011.07.069.

董希骁，2016. 我国欧洲非通用语教育存在的问题和建议 [J]. 语言规划学研究（2）：

68–75.

董希骁，2017.“一带一路”背景下我国欧洲非通用语种人才培养刍议 [J]. 中国外语教育，10（2）：8–15，95.

董希骁，2018a. 对“一带一路”背景下我国非通用语教育规划的思考 [J]. 语言产业研究（00）：44–51.

董希骁，2018b. 中东欧国家语言动态与我国相关语种教育规划 [J]. 中国语言战略，5（1）：62–69.

董希骁，2018c. 中东欧国家语言政策对我国非通用语人才规划的影响 [J]. 西南民族大学学报（人文社科版）39（10）：222–226.

董希骁，2019a.“产出导向法”在大学罗马尼亚语教学中的应用 [J]. 外语与外语教学（1）：1–8，144. DOI:10.13458/j.cnki.flatt.004552.

董希骁，2019b. 中国中东欧语种教育 70 年 [J]. 欧洲语言文化研究（2）：41–52，197–198.

郝家昌，2019. 浅谈高校波兰语专业高年级现阶段应开设旅游波兰语课程的必要性——以川外成都学院为例 [J]. 才智（8）：55.

贾飞黄，2017. 国菜“红炒黄”[N]. 人民日报，2017-12-16（12）.

李傲然，2019. 混合式教学模式在中国高校对外匈牙利语教学中的可行性应用 [J]. 中国多媒体与网络教学学报（上旬刊）（11）：172–174.

李昌璐，2018. 中教和外教在基础匈牙利语教学过程中教学内容之比较 [J]. 校园英语（46）：10–11.

刘志成，2019. 语言学视野下中西饮食文化对比研究及启示 [J]. 青海社会科学（4）：199–204. DOI:10.14154/j.cnki.qss.2019.04.030.

陆晓红，2010. 走向跨文化理解的外语课程与教学 [J]. 全球教育展望，39（9）：83–89.

罗玲，2015. 在大学外语教学中有机融入中华优秀传统文化 [J]. 中国高等教育（21）：51–53.

毛蕊，2022. 汉波熟语对比研究及其成果在波兰语教学中的应用 [J]. 欧洲语言文化研究（1）：97–108，159–160.

潘颖子，2022. 非通用语教学中中东欧国家概况课程思政改革研究 [J]. 语言与文化研究（3）：74–80. DOI:10.19954/j.cnki.lcr.2022.03.019.

沈乐敏，2021. 基于需求分析的非通用语人才培养模式研究——以浙江万里学院捷克语特色班为例 [J]. 浙江万里学院学报，34（1）：89–94. DOI:10.13777/j.cnki.issn1671-2250.2021.01.015.

司联合，2001. 过渡语、语用能力与文化教学 [J]. 外语学刊（2）：101–106. DOI:10.16263/j.cnki.23-1071/h.2001.02.019.

王炳霖，2022. 汉语普通话与匈牙利语标准音元音体系的比较及在国内对外匈牙利语教学中的运用 [J]. 欧洲语言文化研究（2）：27–39，155.

王群，2017. 从谚语教学看希腊语人才跨文化交际能力培养 [J]. 科教文汇（中旬刊）（5）：186–187. DOI:10.16871/j.cnki.kjwhb.2017.05.084.

杨彬，蒋璐，2022. 课程思政视阈下中东欧非通用语教学模式的探索与实践——以"中东欧国家报刊阅读"为例 [J]. 当代外语研究（3）：20–27.

于大春，2018. 新时代外语非通用语教育改革问题与对策——以哈尔滨师范大学波兰语专业改革为例 [J]. 文教资料（27）：99–101.

余淼，廖思米，2022. 非通用语种人才培养的创新模式——以四川大学波兰语专业为例 [J]. 大学（25）：100–103.

张春芳，李萍，2017. 中东欧国家小语种人才培养模式思考 [J]. 科教文汇（中旬刊）（5）：40–41，58. DOI:10.16871/j.cnki.kjwhb.2017.02.017.

张茜，2019. 捷克语"3+1"人才培养模式研究——以河北地质大学捷克语专业为例 [J]. 祖国（15）：180–182.

张志军，杨家胜，赵秋野，2013. 小语种专业建设的思考——以哈尔滨师范大学波兰语专业建设为例 [J]. 林区教学（8）：57–59.

祖晓梅，陆平舟，2006. 中国文化课的改革与建设——以《中国概况》为例 [J]. 世界汉语教学（3）：121–127.

作者简介

张慧玲，硕士，浙江外国语学院助教。研究方向：波兰语言文化，外语教学。电子邮箱：huiling.zhang@zisu.edu.cn

英文摘要

An Analysis of the Translation and Canonization of Ancient Chinese Novels in France —Using Jacques Dars's Translation of *Shuihuzhuan* (*Au bord de l'eau*) as an Example

Che Lin

Abstract: Translation plays a crucial role in introducing national literary classics to the global literary scene. This paper explores the canonization of ancient Chinese novels in France, which took place over a century through the efforts of missionaries, merchants, diplomats, sinologists, and Chinese scholars traveling to France. Jacques Dars, a prominent French sinologist, is highlighted for his exemplary translation of *Shuihuzhuan* (*Au bord de l'eau*). The canonization of literary works is influenced by factors such as the polysystem, historical context, culture, translation mechanisms and policies, audience needs, and the translators themselves. Striking a balance between adequacy and acceptability is crucial in translation practice to preserve the classic value of a country's literary masterpiece in a foreign context.

Keywords: ancient Chinese novels; canonization; Polysystem Theory; translation norms; Jacques Dars

Misreading, Origin and Manifestations: A Glimpse into Early Slavophilia in Russia

Chen Hui

Abstract: Slavophilia in Russia emerged from the 1830s to 1860s, forming the foundation of Russian philosophy. Slavophilism was initially misunderstood, suppressed during the Tsarist era, banned during the Soviet period, and became a focus of scholarly research after the dissolution of the Soviet Union. The Slavophile ideology inherited the aspirations of Russian intellectuals for a native national identity, which originated from Peter the Great's reforms in the 18th century and further developed between the Populists and Foundationalists in the latter half of the 19th century. The Slavophiles advocated nativism, communalism, and sobornost (unity), asserting that Russia's future should follow a path rooted in its native people, promote traditional communalism, and uphold the unifying nature of Eastern Orthodoxy.

Keywords: Slavophile; Khomyakov; Dostoevsky; Russian rural commune

The "Moon Valley" Episode in *Orlando Furioso*

Tian Zhongfei

Abstract: In Ludovico Ariosto's *Orlando Furioso,* the poet creates numerous well-known episodes through his rich imagination. One of these episodes is the "Moon Valley" in Canto 34. Scholars often associate this episode with the journey of Leon Battista Alberti to the dreamed land due to the similarity in imagery. Additionally, some researchers compare it to the third satire in Ariosto's *Satire*, as they share similar themes and ideas. This paper aims to analyze the connections between the "Moon Valley" episode, Alberti's work, and Ariosto's satire. It explores the symbolic meanings Ariosto assigns to the moon imagery in this episode and, based on this analysis and other relevant content in *Orlando Furioso,* provides a preliminary understanding of the essence of "wits," the core element of the "Moon Valley" episode.

Keywords: *Orlando Furioso*; Ariosto; "Moon Valley" episode

Exploring the Cultural Significance of River Imagery in Polish Literature

Mao Yinhui, Feng Baoen

Abstract: Rivers have long been intertwined with literature as the cradle of civilization. In Polish literature, the "river" has become a distinct and significant image, carrying profound cultural implications and the spirit of the nation. This paper delves into the generation mechanism and cultural significance of various river images in Polish literary texts, offering a fresh and viable perspective for the study of Polish river imagery.

Keywords: river imagery; Polish literature; cultural research

Exploring the Expression of New Objectivity in Atanas Dalchev's Poetry

Zhan Yanyi

Abstract: Atanas Dalchev, a Bulgarian poet, stood as a unique figure in the Bulgarian literary scene of the first half of the 20th century. His poetry focused on depicting the objective reality, with a distinct emphasis on unique subjects. Dalchev's poetic style was characterized by restraint, indifference, and rationality, while also encompassing profound philosophical insghts and humanistic concerns. This aligns with the prevailing New Objectivity style that emerged in Weimar Germany after World War I. This paper aims to clarify the definition of New Objectivity and analyze Dalchev's three poems to showcase the characteristics of objectivity in his work. It further explores the themes of the relationship between people and objects, the vulnerability and powerlessness of individuals in the face of time, and existential reflections on the repetition, monotony, loneliness, and nihilism of human existence in Dalchev's poetry.

Keywords: New Objectivity; "The Material Turn"; Dalchev; 20th-century poetry; Bulgarian poetry

Analysis on the Recognition of Roma Ethnic Identity in European Countries

Yang Yousun, Yin Chunjiao

Abstract: The Roma community is the most marginalized minority group in Europe.

Despite the European Union and the European Commission placing great importance on protecting the rights of the Roma, the effectiveness of these efforts has been unsatisfactory. One of the main reasons for this is the lack of proper recognition of the Roma as a distinct "minority" group. European countries can be categorized into three groups based on their recognition of the Roma ethnic identity: those that officially recognize the Roma as a "national minority" or an "ethnic minority", those that de facto acknowledge the existence of the Roma as a "minority", and those that disregard any collective identity of the Roma and treat them solely as individuals. Generally, countries with a higher degree of recognition of the Roma tend to provide better protection for their rights. However, it is important to note that the current recognition of the Roma as a minority has primarily had a positive impact on their political status and the preservation of their cultural differences, but has not significantly improved their daily living conditions.

Keywords: Roma; national minority; ethnic minority; special protection; preferential policy

Finland-China Society from the Perspective of Cultural Diplomacy: Past and Present

Wang Shuo

Abstract: Cultural diplomacy plays a crucial role in achieving national strategic goals and enhancing a country's soft power. It serves as a means to foster mutual trust, cooperation, and address global challenges between nations. Finland, as an important Nordic country, was among the first Western countries to establish diplomatic relations with the People's Republic of China. As the China-Finland relationship has steadily developed, the bilateral cultural diplomacy mechanism has matured over time. This paper examines the history of the Finland-China Society and provides a preliminary theoretical explanation of the cultural diplomacy mechanism. Established in 1951, the Finland-China Society is a non-governmental organization that served as the primary implementer and platform for early cultural diplomacy between China and Finland. As a specialized agency, the Finland-China Society organizes activities, offers advice to the government, and facilitates cultural exchanges and cooperation. This study contributes to the theoretical research on cultural diplomacy and holds significant practical value in promoting cultural exchanges and cooperation between China and Finland, as well as between China and other Nordic countries, ultimately deepening the bilateral relationship between China and Finland.

Keywords: cultural diplomacy; China-Finland relationship; Finland-China Society

A Comparative Study of Minority Language Protection Policies in China and Italy

Zhang Haihong, Li Yajing

Abstract: Language serves as a crucial tool of communication and thought, and is one of the defining characteristics of ethnic groups. Both China and Italy are multi-ethnic and multilingual countries, and the protection of minority languages has been a longstanding concern for both nations. Conducting a comparative study of language protection policies in China and Italy holds significant value in informing China's own policies on minority language protection. This paper examines the historical evolution of minority language protection policies in Italy, and compares the policies of China and Italy across three dimensions: status planning, corpus planning, and education planning. The paper concludes by summarizing the insights that China can draw from Italy's minority language protection policies.

Keywords: minority; language policy; China; Italy

Practice and Exploration of Integrating Culture Teaching into Language Majors in Central and Eastern Europe (CEE): A Case Study of "Polish Cuisine"

Zhang Huiling

Abstract: With the influence of the Belt and Road Initiative and the Cooperation between China and Central and Eastern Europe (CEE) mechanism, the number of language majors focusing on CEE languages has increased in China. However, there is currently limited research on teaching these languages in the country. Existing studies on teaching CEE cultures primarily target senior-level students, with few explorations for junior-level students. Culture teaching is an essential component of foreign language talent cultivation and should be integrated throughout the entire process. This article takes "Polish Cuisine" as a case study to explore how to incorporate culture teaching into CEE language education for junior undergraduate students, in order to establish a solid foundation for the learning of cultural knowledge and the development of cultural communication skills in later years.

Keywords: Central and Eastern Europe languages; junior undergraduates; culture teaching; talent cultivation

征稿启事

《欧洲语言文化研究》是北京外国语大学欧洲语言文化学院主办的一本学术集刊，主要刊发欧洲语言、教育教学、文学、文化及中欧交流等方面的研究成果（以欧洲非通用语国家或地区为主）。本刊现有21位中方编委和14位来自不同国家的外方编委，实行匿名审稿。

《欧洲语言文化研究》主要栏目包括："语言教学与研究""文学译介与批评""欧洲历史与文化""国别与区域研究""比较文学与比较文化""国际学术前沿""访谈实录""书评书讯""会议综述"等。

《欧洲语言文化研究》注重原创性、创新性以及学术行为的规范性。原创性论文应具有一定深度，观点鲜明，资料翔实，数据准确，论据扎实充分，论说清楚，逻辑严谨，条理清晰，文字精练，语句通顺。一般文章字数为8 000—13 000（含中英文标题、摘要、关键词及参考文献），书评书讯、访谈实录、会议综述一般字数为3 000—5 000字。

《欧洲语言文化研究》倡导学术诚信，稿件内容文责自负，但编辑部有权出于版面需要对稿件进行必要的修改。稿件发表后，编辑部将赠送作者当期样刊两本。

投稿电子邮箱：ozyywhyj@163.com

知网投稿平台：https://ozyw.cbpt.cnki.net/

诚邀国内外专家、一线教师及专业研究人员惠赐佳作。